500 Hidden Secrets

AMSTERDAM

BRUCKMANN

EINLEITUNG

Dieses Buch entführt den Leser in ein Amsterdam, das kaum jemand kennt. Abseits ausgetretener Pfade lassen sich in der Stadt versteckte Gärten, unbekannte Museen und kleine Kaffeebars entdecken. Der Reiseführer beschreibt unter anderem die fünf besten Restaurants für Bitterballen, fünf der schiefsten Grachtenhäuser und fünf der besten unabhängigen Plattenläden.

Unerwartete Orte also werden hier präsentiert, die sich von den üblichen Touristenattraktionen unterscheiden. Das Buch möchte den Leser ermutigen, ein russisches U-Boot aus den 1950er-Jahren, einen Marienaltar in einem Hotelgarten und verborgene Statuen eines namenlosen Bildhauers zu entdecken. Sei es ein Restaurant im Studio eines einstigen Piratensenders, eine Museumsgasse, die einen Riesen aus dem 17. Jahrhundert beherbergt, ein Kino in einem alten Labor für pathologische Anatomie – hier ist der perfekte Begleiter für alle, die ungewöhnliche Seiten von Amsterdam kennenlernen wollen. Dazu zählen auch verborgene Orte wie eine »Geheimkirche« mitten im Rotlichtviertel, die beste indonesische Küche (die nicht im Stadtzentrum zu finden ist) oder eine Genever-Kostprobe in einer tief im Park versteckten Brennerei.

Die folgenden Seiten zählen also nicht alle Attraktionen der Stadt auf, doch es gibt schon genügend Reiseführer und Websites, die die bekannten Sehenswürdigkeiten beschreiben. Es ging vielmehr darum, einen persönlichen Reiseführer zu verfassen, in dem die Autoren Orte vorstellen, die sie guten Freunden empfehlen würden, damit diese das wahre Amsterdam entdecken können.

ÜBER DAS BUCH

Dieser Reiseführer nennt 500 Adressen in Amsterdam, die in 100 verschiedene Kategorien unterteilt sind. Einige sind Orte und Sehenswürdigkeiten, andere Geheimtipps querbeet. Das Buch soll den Leser inspirieren und nicht alle Sehenswürdigkeiten der Stadt von A–Z abdecken.

Die Orte sind mit den dazugehörigen Adressen, Stadtvierteln und Kartennummern versehen, mit deren Hilfe man sie auf den Karten zu Beginn des Buches lokalisieren kann. Die Stadtpläne fallen nicht sehr detailliert aus und decken nicht das gesamte Stadtgebiet ab – genauere Karten gibt es in den »I Amsterdam«-Besucherzentren am Stationsplein, direkt gegenüber vom Hauptbahnhof, oder am Amsterdamer Flughafen Schiphol (Holland Tourist Information) an der Schiphol Plaza bei den Arrivals 2. Die Adressen lassen sich auch mit dem Handy lokalisieren.

Man darf nicht vergessen, dass Städte ständig im Wandel sind. Der total angesagte Chefkoch ist an dem Tag, wenn man sein Restaurant besucht, vielleicht völlig uninspiriert. Die Bar, die zu den fünf besten für Livemusik zählt, ist genau an dem Abend, wenn man hinkommt, vielleicht leer. Dieses Buch bietet eine sehr persönliche Auswahl von Empfehlungen, die nicht jedem zusagen werden. Wer eine Korrektur vorschlagen, eine Bar empfehlen oder seinen Lieblingsort in Amsterdam verraten möchte, kann die Website *www.the500hiddensecrets.com* besuchen oder *@500hiddensecrets* bei Instagram oder Facebook folgen und dort einen Kommentar hinterlassen.

DIE AUTOREN

Saskia Naafs und Guido van Eijck sind Autoren und Journalisten. Sie schreiben für die Wochenzeitschrift »De Groene Amsterdammer« sowie für mehrere nationale Zeitungen. 2016 veröffentlichten sie den Reiseführer »The 500 Hidden Secrets of Rotterdam«. Ihr Beruf führt sie in die entlegensten Ecken ihrer Hauptstadt, zu Orten, die sie sonst wahrscheinlich nie entdeckt hätten.

Saskia hat mehr als zehn Jahre in Amsterdam gelebt und ist der Meinung, dass jedes Stadtviertel seine eigenen Reize hat. Die meisten Touristen bleiben oft innerhalb des Stadtzentrums, daher werden in diesem Buch auch einige Adressen außerhalb des berühmten Grachtengürtels genannt. Doch auch die alten Grachtenhäuser haben ihre »Geheimnisse«. Man muss sich die historischen Bauten mit ihren reich verzierten Fassaden, schiefen Fenstern und farbenprächtigen Dachgiebeln nur genau ansehen.

Guido empfiehlt jedem Besucher von Amsterdam, den Norden der Stadt zu erkunden. Das einstige »Sibirien Amsterdams« ist heute eine quirlige, florierende Gegend. Man kann mit der Fähre zu den alten Schiffswerften des NDSM fahren, die alten Arbeiterhäuser in Tuindorp Oostzaan besuchen oder gemütlich den Nieuwendammerdijk entlangspazieren – und vergessen Sie nicht, unterwegs den besten Apfelkuchen Amsterdams zu probieren!

Die Autoren danken ihren Freunden, Familien, Kollegen und Bekannten für die wertvollen Tipps zu Amsterdam. Ohne ihre unschätzbare Hilfe wäre es unmöglich gewesen, so viele Orte vorzustellen, von denen viele Touristen noch nie gehört haben, Orte, die selbst Einheimische und geborene Amsterdamer nicht kennen. Die Autoren danken auch dem Verlag Luster für seine großartige Beratung. Nicht zu vergessen gilt ihr Dank auch dem Fotografen Tino van den Berg für seine Begleitung und großartigen Fotos, die das wahre Amsterdam auf wundervolle Weise einfangen.

AMSTERDAM

im Überblick

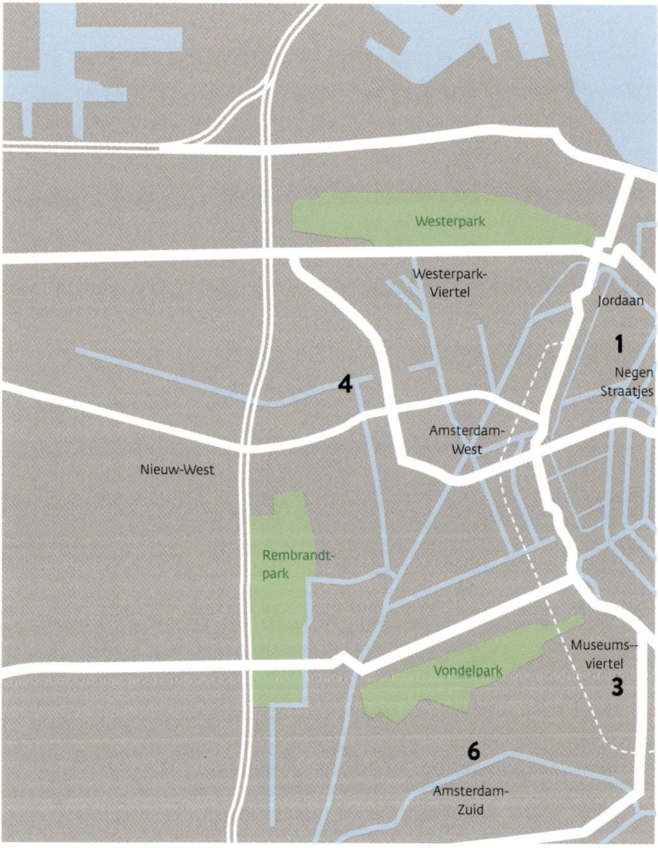

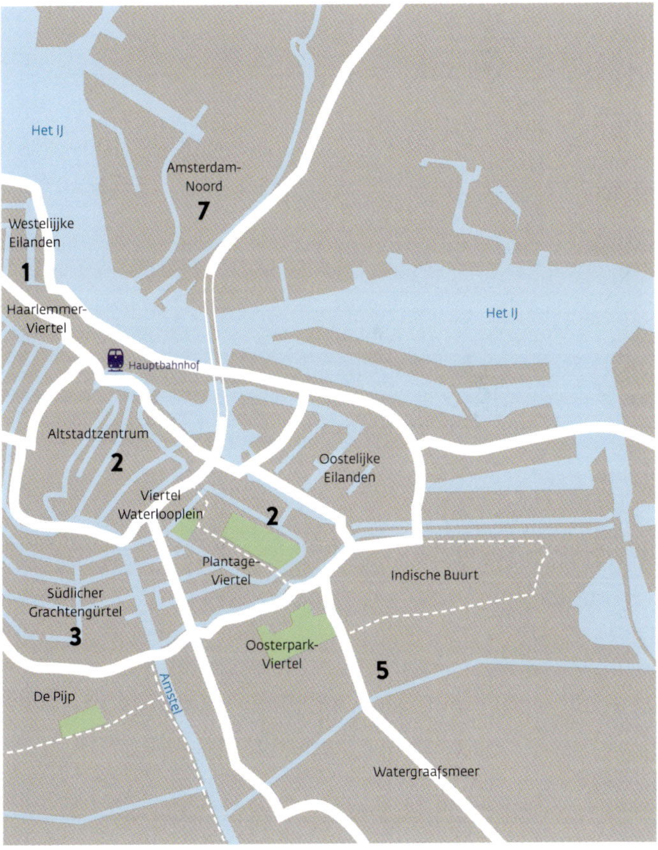
Het IJ
Amsterdam-
Noord
7
Westelijke
Eilanden
1
Haarlemmer-
Viertel
Het IJ
Hauptbahnhof
Altstadtzentrum
2
Oostelijke
Eilanden
Viertel
Waterlooplein
2
Plantage-
Viertel
Indische Buurt
Südlicher
Grachtengürtel
3
Oosterpark-
Viertel
5
Amstel
De Pijp
Watergraafsmeer

Karte 1

WESTELIJKE EILANDEN HAARLEMMER-VIERTEL

ESSEN – AUSGEHEN – SHOPPEN – BAUWERKE – ENTDECKEN – KULTUR – KINDER – SCHLAFEN – WOCHENENDE – QUERBEET

JORDAAN
NEGEN STRAATJES

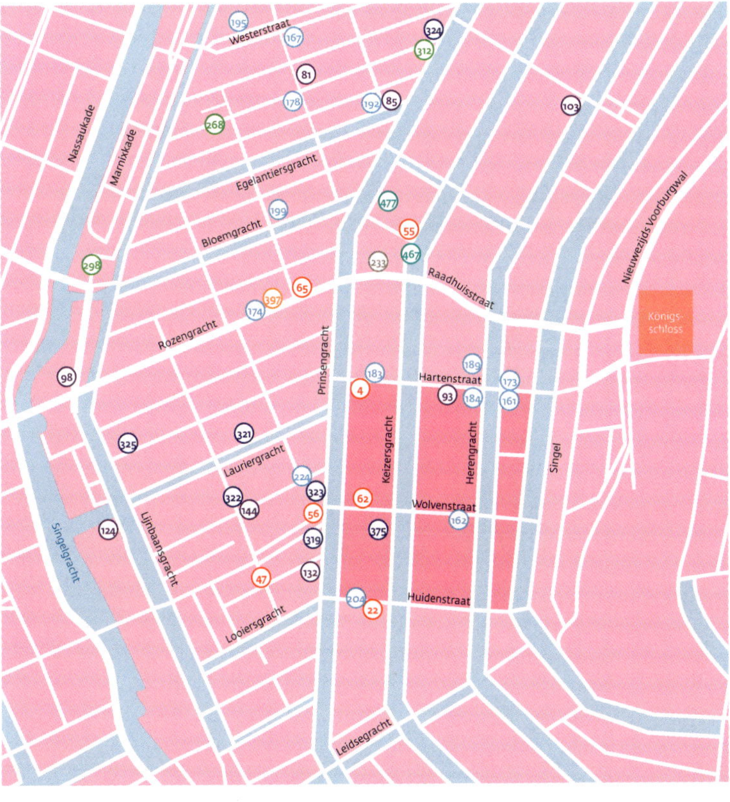

Karte 2

ALTSTADTZENTRUM VIERTEL WATERLOOPLEIN

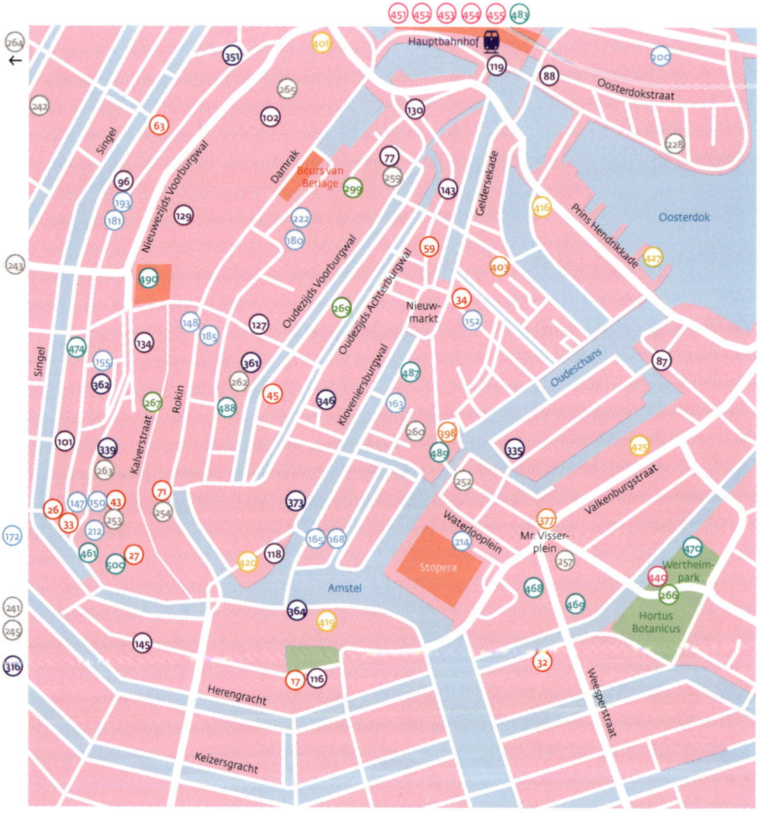

ESSEN – AUSGEHEN – SHOPPEN – BAUWERKE – ENTDECKEN – KULTUR – KINDER – SCHLAFEN – WOCHENENDE – QUERBEET

OOSTELIJKE EILANDEN PLANTAGE-VIERTEL

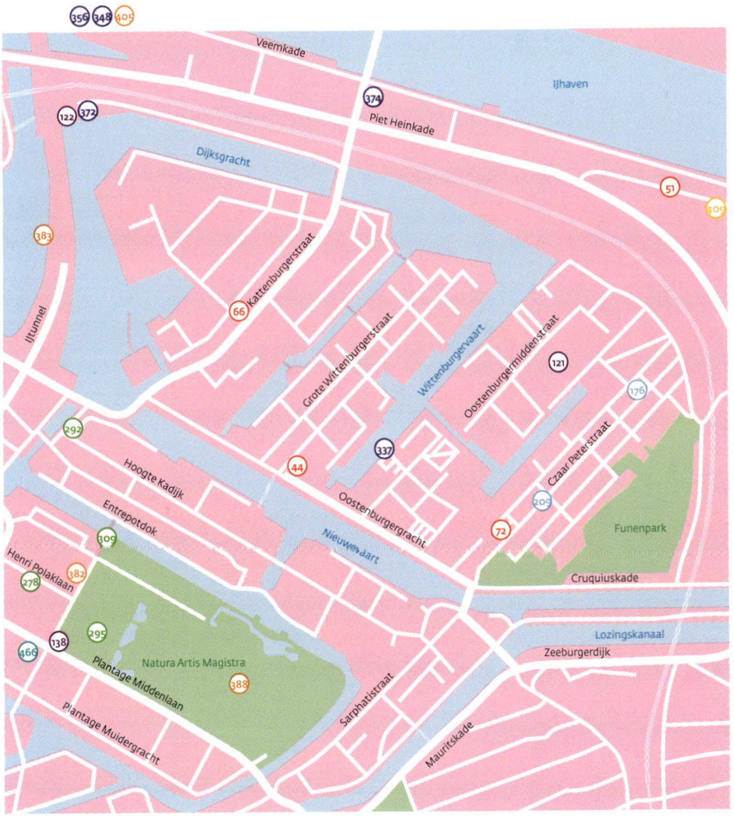

ESSEN – AUSGEHEN – SHOPPEN – BAUWERKE – ENTDECKEN – KULTUR – KINDER – SCHLAFEN – WOCHENENDE – QUERBEET

Karte 3

SÜDLICHER GRACHTENGÜRTEL MUSEUMSVIERTEL DE PIJP

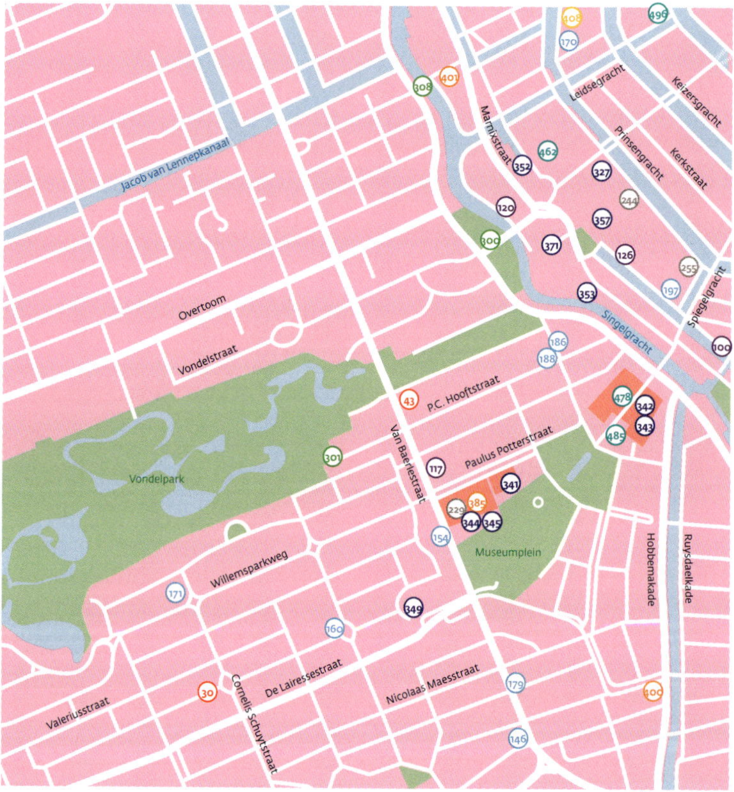

ESSEN – AUSGEHEN – SHOPPEN – BAUWERKE – ENTDECKEN – KULTUR – KINDER – SCHLAFEN – WOCHENENDE – QUERBEET

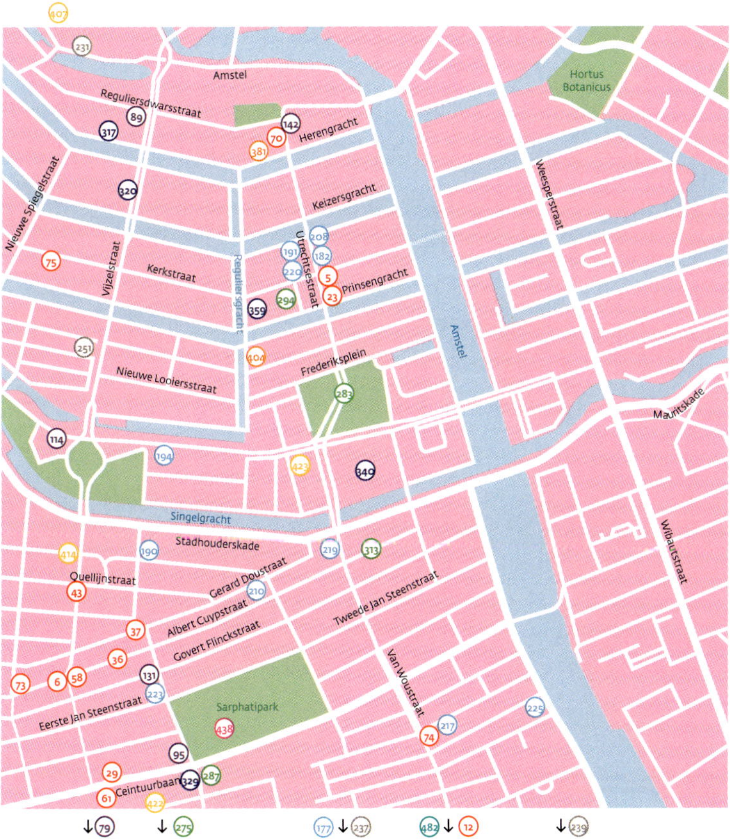

ESSEN – AUSGEHEN – SHOPPEN – BAUWERKE – ENTDECKEN – KULTUR – KINDER – SCHLAFEN – WOCHENENDE – QUERBEET

Karte 4

AMSTERDAM-WEST WESTERPARK-VIERTEL NIEUW-WEST

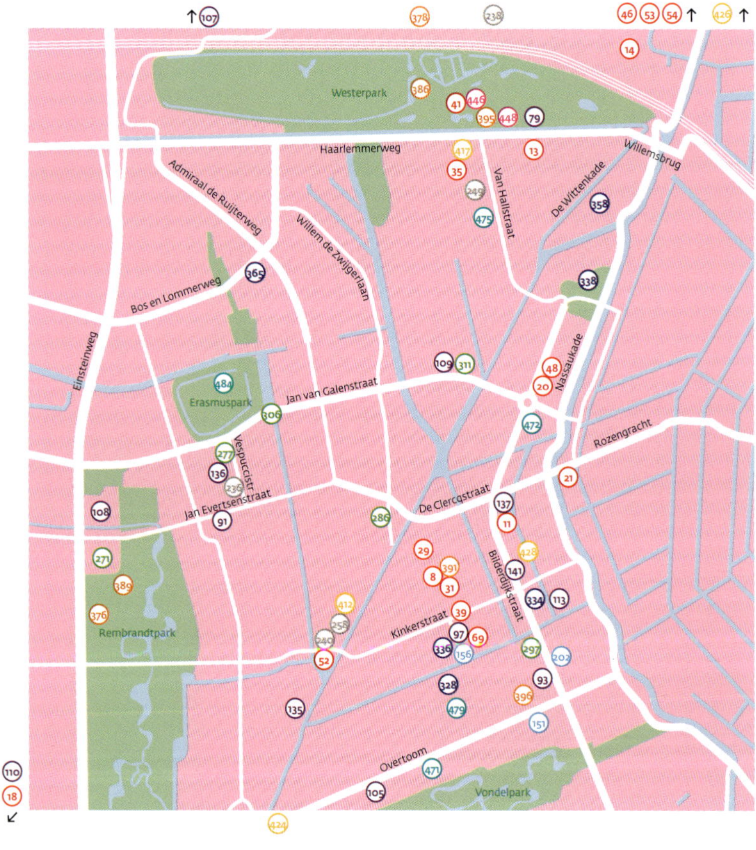

ESSEN – AUSGEHEN – SHOPPEN – BAUWERKE – ENTDECKEN – KULTUR – KINDER – SCHLAFEN – WOCHENENDE – QUERBEET

Karte 5

OOSTERPARK-VIERTEL
INDISCHE BUURT
WATERGRAAFSMEER

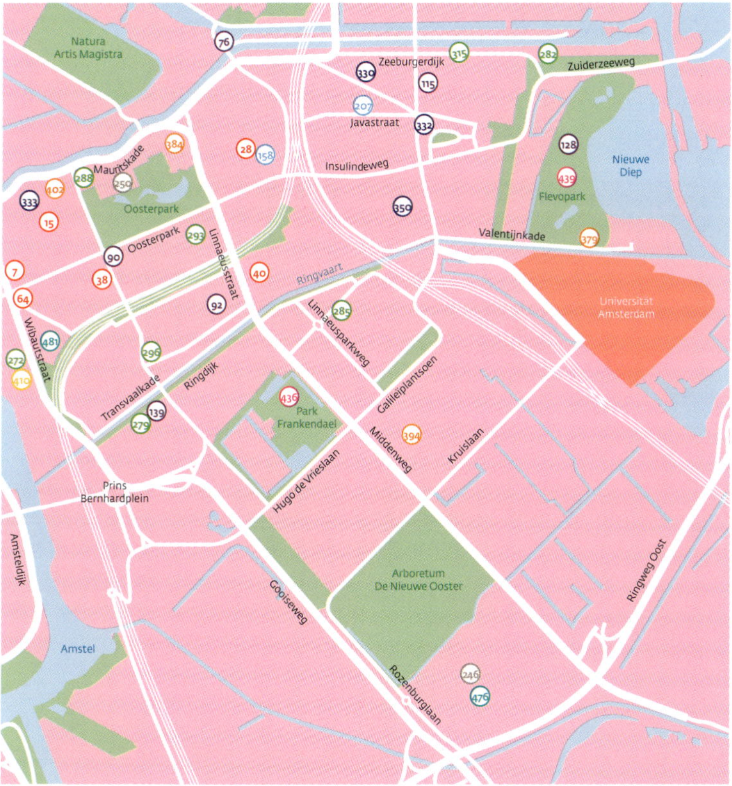

ESSEN – AUSGEHEN – SHOPPEN – BAUWERKE – ENTDECKEN – KULTUR – KINDER – SCHLAFEN – WOCHENENDE – QUERBEET

Karte 6

AMSTERDAM-ZUID

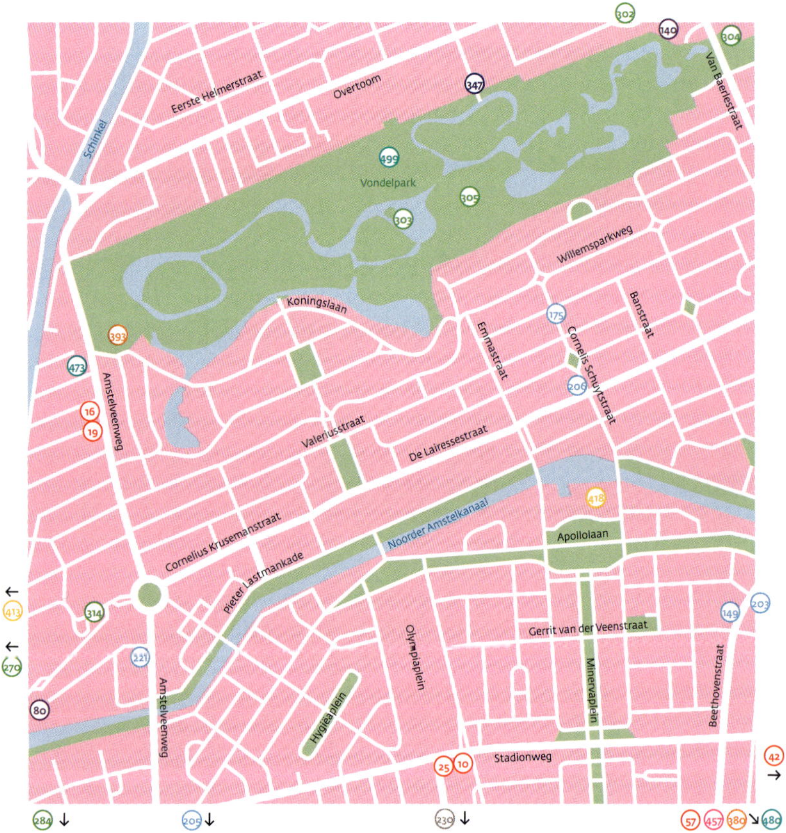

ESSEN – AUSGEHEN – SHOPPEN – BAUWERKE – ENTDECKEN – KULTUR – KINDER – SCHLAFEN – WOCHENENDE – QUERBEET

Karte 7

AMSTERDAM-NOORD

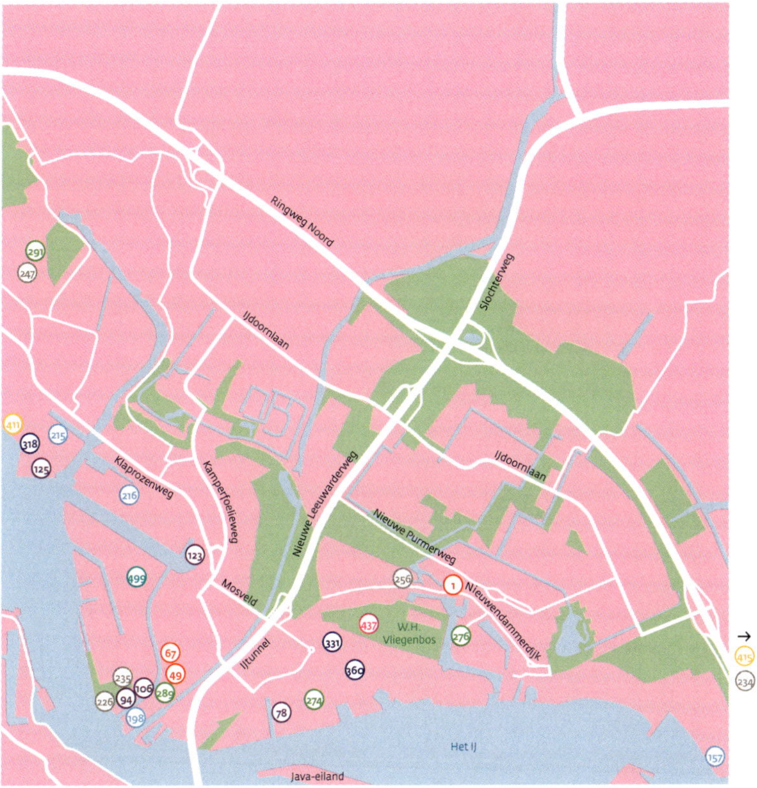

ESSEN – AUSGEHEN – SHOPPEN – BAUWERKE – ENTDECKEN – KULTUR – KINDER – SCHLAFEN – WOCHENENDE – QUERBEET

13 DE CULINAIRE WERKPLAATS

75 LOKALE UND LEBENSMITTELLÄDEN

Die 5 besten Cafés für
APFELKUCHEN

1 **CAFÉ 'T SLUISJE**
Nieuwendammer-dijk 297
Amsterdam-Noord ⑦
+31 (0)20 636 17 12
www.cafehetsluisje.nl

Das Café ist der perfekte Zwischenstopp bei der Erkundung von Amsterdams Norden. Nicht nur, weil es riesige Stücken Apfelkuchen serviert, die wenig Zucker enthalten und nach frischen, saftigen Äpfeln schmecken, sondern weil man von der Terrasse einen tollen Blick auf die alten Schleusen und Dämme der Stadt genießt. Das Café 't Sluisje (Schleusencafé) wurde 1904 eröffnet. In dem Gebäude aus dem 16. Jahrhundert war schon früher ein Kaffeehaus untergebracht.

2 **WINKEL 43**
Noordermarkt 43
Jordaan ①
+31 (0)20 623 02 23
www.winkel43.nl

Winkel 43 ist unter Apfelkuchenfans ein bekannter Name. Die Kruste der Kuchen ist köstlich, die Stücke sind riesig. Aus dem Keller des Cafés strömt den ganzen Tag lang der Duft nach frisch gebackenem Apfelkuchen. Montags und samstags (Markttage auf dem Noordermarkt und der Westerstraat) ist besonders viel los. Auch ein gutes Frühstück (ab 7 Uhr) wird hier serviert.

1 CAFÉ 'T SLUISJE

3 CAFÉ 'T PAPENEILAND

Prinsengracht 2
Jordaan ①
+31 (0)20 624 19 89
www.papeneiland.nl

Kaum zu glauben, aber das uralte Pub (1642 gegründet) und Nationaldenkmal im Joordanviertel serviert auch Apfelkuchen! Ja, wirklich! Der Kuchen ist hausgebacken, frisch und einfach köstlich. Sogar Bill Clinton hat im Café 't Papeneiland schon Apfelkuchen gegessen, als er 2011 die Amsterdamer Grachten besuchte.

4 KOFFIEHUIS DE HOEK

Prinsengracht 341
Altstadtzentrum ②
+31 (0)20 625 38 72

Die herrlich altmodische holländische Kaffeebar serviert großartigen, frischen Filterkaffee. Auf den Tischen liegen karierte Decken, auf der Speisekarte stehen Pfannkuchen und Spiegeleier. Das Café serviert auch leckeren, knusprigen Apfelkuchen mit Mandelstreuseln. An sonnigen Tagen ist die Terrasse ein zusätzlicher Pluspunkt.

5 PATISSERIE KUYT

Utrechtsestraat 109–111
Südlicher Grachtengürtel ③
+31 (0)20 623 48 33
www.patisseriekuyt.nl

Das Kuyt wurde 1974 in der Utrechtsestraat eröffnet und ist berühmt für seine exzellenten *appelschnitt*, ein Gebäck aus Äpfeln, Korinthen, Rosinen, Mandeln und Zimt. Aber auch die anderen Kuchen und Kekse der Konditorei sind ein Gaumenschmaus. In der benachbarten Teestube kann man sich gemütlich hinsetzen und süßes oder herzhaftes Gebäck genießen.

Die 5 besten
BÄCKEREIEN

6 **BAKKEN MET PASSIE**
Albert Cuypstraat 51-53
De Pijp ③
+31 (0)20 670 13 76
www.bakkenmetpassie.nl

Das Brot von Bakken met Passie (Backen mit Leidenschaft) wird in einem traditionellen Ofen mit Steinboden gebacken. Das Sauerteigbrot geht lange auf, was ihm einen einzigartigen Geschmack verleiht. Der Laden verkauft auch großartige Croissants und anderes Gebäck. Drinnen stehen ein paar Tische, an denen man Sandwiches, Kaffee oder heiße Schokolade genießen kann.

7 **BAKKERIJ HARTOG**
Wibautstraat 77
Oosterpark-Viertel ⑤
+31 (0)20 220 00 44
www.volkorenbrood.nl

Als sie Ende des 19. Jahrhunderts noch in der Provinz Friesland lebte, war Aagje Hartog für ihr Vollkornbrot berühmt. Als die Amsterdamer ihr *volkorenbrood* entdeckten, überzeugten sie die Familie Hartog davon, ihre Produkte auch in der Hauptstadt zu verkaufen. Die Hartogs zogen ins Jordaan und später in die Ruyschstraat im Ostteil der Stadt.

8 **BAKKERIJ STRAATHOF**

Ten Katestraat 21
Amsterdam-West ④
+31 (0)20 612 97 09
www.bakkerij straathof.nl

Das Brot dieser familiengeführten Bäckerei ist nur auf dem lebhaften Ten-Kate-Markt erhältlich. Die Bäckerei befindet sich gleich hinter dem Marktstand und sorgt so immer für frischen Nachschub von knusprigem (Sauerteig-)Brot, Croissants und Kuchen.

9 **STADSBAKKER JONGEJANS**

Haarlemmerstraat 4
Haarlemmer-Viertel ①
+31 (0)20 624 76 11
www.bakker jongejans.nl

Die erste Bäckerei des Familienbetriebs wurde in den 1920er-Jahren eröffnet. Mittlerweile ist das Unternehmen in fünfter Generation in Familienhand. Die Müslibrötchen (auch *Amsterdammertjes* genannt) sind sehr empfehlenswert, ebenso wie der Rest des Sortiments. Jongejans verkauft auch hausgemachte Schokoladencreme, Marmeladen und Erdnussbutter.

10 **LE FOURNIL DE SÉBASTIEN**

Olympiaplein 119
Amsterdam-Zuid ⑥
+31 (0)20 672 42 11
www.lefournil.nl

Der französische Bäcker Sébastien de Roturier misstraut seinen holländischen Kollegen, die plötzlich französisches Brot verkaufen. Es fehle ihnen an Erfahrung, sagt er, ebenso wie er keine Erfahrung darin habe, holländisches Brot zu backen. De Roturier eröffnete seine erste Bäckerei im Jahr 2006 im Süden von Amsterdam – hier bekommt man frisch gebackenes französisches Brot ohne Zusatzstoffe. Wer uns nicht glaubt, braucht nur die lange Warteschlange anzuschauen.

Die 5 besten

VEGETARISCHEN RESTAURANTS

11 **MEATLESS DISTRICT**
Bilderdijkstraat 65-67
Amsterdam-West ④
+31 (0)20 722 08 04
www.meatless district.com

Meatless District serviert ausschließlich veganes Essen. Die Speisekarte variiert je nach Jahreszeit. Es gibt Mittagessen, Snacks, Abendessen, am Wochenende auch Frühstück, zur Wahl stehen Pasta, Salate, Burger und vieles mehr Es gibt auch eine gute Bierauswahl.

12 **BETTY'S**
Rijnstraat 75
Südlicher Grachtengürtel ③
+31 (0)20 644 58 96
www.bettys.nl

Betty's gehört zu den beliebtesten Restaurants der Stadt. Guido und Lien bereiten ihre Speisen ohne Fisch, Fleisch und Eier zu. Sie servieren auch glutenfreie und vegane Gerichte. Außerdem gibt es ein Drei-Gänge-Überraschungsmenü. Zum Dessert kann man selbst gebackenen Kuchen genießen. Guido und Lien betreiben auch ein Geschäft, in dem sie ihre Lieblingsprodukte verkaufen, die von Chilipulver aus dem mexikanischen Dschungel bis hin zu französischem Traubenkernöl reichen.

13 DE CULINAIRE WERKPLAATS

Fannius Scholtenstraat 10
Westerpark-Viertel ④
+31 (0)6 546 46 576
www.deculinairewerkplaats.nl

In dieser »Werkstatt« werden essbare Kunstwerke aus Gemüse, Obst und Körnern hergestellt. Die Inhaber Marjolein und Eric beziehen ihre Inspiration aus verschiedenen Themen, zum Beispiel Farben, Landschaften, Architekturstile oder das Goldene Zeitalter. Auf der Speisekarte stehen fünf kleine, exquisit präsentierte Gerichte. Es gibt keine Festpreise: Man entscheidet selbst, was das Essen einem wert ist. Die Werkstatt hat nur freitags und samstags geöffnet.

14 DOPHERT

Spaarndammerstraat 49
Westerpark-Viertel ④
+31 (0)20 752 05 81
www.dophertcatering.nl

Ein veganes Frühstücks- und Mittagslokal mit entspannter Hipster-Atmosphäre in der aufstrebenden Spaarndammerstraat. Wir empfehlen die glutenfreien Sandwiches mit Kürbis-Hummus oder Tofustreuseln. Auch der vegane Karottenkuchen ist köstlich! Am ersten Donnerstag im Monat wird auch Abendessen serviert. Im Voraus buchen!

15 MARITS HUISKAMERRESTAURANT

Andreas Bonnstraat 34
Oosterpark-Viertel ⑤
+31 (0)20 776 38 64
www.maritshuiskamerrestaurant.nl

Freitags und samstags kocht Marit vegetarische Gerichte und serviert sie in ihrem Wohnzimmer. Es ist, als wäre man bei einem Freund zu Gast, aber bei einem, der gut kochen kann und dem man nicht zur Hand gehen muss. Es gibt ein Drei- und ein Vier-Gänge-Menü. Die Aromen sind rein und frisch, die Zutaten meist Bio- oder Fair-Trade-Produkte aus der Region.

Die 5 besten Restaurants für traditionelle INDONESISCHE KÜCHE

16 **BLAUW**
Amstelveenseweg 158-160
Amsterdam-Zuid ⑥
+31 (0)20 675 50 00
www.restaurantblauw.nl

Traditionelle indonesische Küche mit modernem Touch. Die Tische im leuchtend roten Speiseraum stehen eng beieinander, was für eine gemütliche Atmosphäre sorgt. Holländer bestellen hier gern die sogenannte *rijsttafel*, eine Kombination aus vielen kleinen Gerichten. Zur Auswahl stehen Reistafeln mit Fleisch, Fisch oder Gemüse. Als Nachspeise empfehlen wir *es ketan hitam*, einen Pudding aus schwarzem Reis mit Eiscreme und Kokosmilch.

17 **INDRAPURA**
Rembrandtplein 42
Altstadtzentrum ②
+31 (0)20 623 73 29
www.indrapura.nl

Indrapura liegt am belebten Rembrandtplein und ist für seine *rijsttafel* berühmt, die eine Vielzahl würziger (manchmal scharfer!) indonesischer Gerichte umfasst. Wer hier vor 20 Uhr isst und bezahlt, erhält 25% Rabatt. Zum Dessert sollte man unbedingt *spekkoek* probieren, den traditionellen Schichtkuchen.

18 YOGYA

Johan Huizinga-laan 144
Nieuw-West ④
+31 (0)20 615 2704

Yogya liegt abseits der Touristenpfade im Bezirk Nieuw-West. Kenner nehmen den langen Weg aber gern auf sich, denn hier gibt's die beste indonesische Küche der Stadt. Das Restaurant serviert authentische javanesische Gerichte in schlichter Umgebung. Yogya sieht aus wie ein billiges Speiselokal, aber das täuscht: Das Essen ist hervorragend.

19 TOKO KOK KITA

Amstelveenseweg 166
Amsterdam-Zuid ⑥
+31 (0)20 670 29 33
www.kokkita.nl

Wer keine Lust hat, das ziemlich formelle Restaurant Blauw zu besuchen, kann sich in die Schlange vor dem nahe gelegenen Toko Kok Kita stellen. Die Reistafeln, *sambal-goreng*-Bohnen und *sate kambing* mit Lammfleisch zum Mitnehmen sind die Wartezeit auf jeden Fall wert.

20 JUN

Frederik Hendrik-straat 98
Amsterdam-West ④
+31 (0)20 785 91 85
www.restaurantjun.nl

Die Einrichtung ist schlicht, aber umso mehr Aufmerksamkeit wird dem Essen geschenkt. Jun serviert klassische indonesische Gerichte wie *soto ayam* und *rendang*, hat aber auch weniger bekannte Speisen wie *ikan woku-woku* (Barsch in Tomatensoße) und *tongseng sapi* (Rinderlende nach Yogyakarta-Art) im Angebot. Chefkoch Edy Junaedy ändert alle drei Monate die Speisekarte.

Die 5 besten
KÄSELÄDEN

21 **FROMAGERIE ABRAHAM KEF**
Marnixstraat 192
Amsterdam-West ④
+31 (0)20 420 00 97
www.abrahamkef.nl

Die lange Anfahrt zum Kef lohnt sich. Der traditionelle Käseladen wurde vor über 60 Jahren eröffnet. Kef ist auf französischen Käse spezialisiert, verkauft aber Käse aus ganz Europa. Sonntags finden Käse- und Weinverkostungen statt. Im Norden (Van der Pekplein 1b) und Osten (Czaar Peterstraat 137) der Stadt gibt's weitere Filialen.

22 **DE KAASKAMER**
Runstraat 7
Negen Straatjes ①
+31 (0)20 623 34 83
www.kaaskamer.nl

So muss das Paradies für Käseliebhaber aussehen! Das Kaaskamer ist bis an die Decke mit runden, gelben Hartkäselaiben gefüllt. Es gibt alle möglichen Varianten, zum Beispiel Bauerngouda mit Trüffeln oder lange gereiften Schafskäse mit Meerlavendel. Insgesamt hat das Geschäft 300 bis 400 Sorten im Angebot. Man kann Käse auf frischem Baguette probieren oder ein großes Stück kaufen und mit nach Hause nehmen.

24 KAASLAND

23 KAASHUIS TROMP

Utrechtsestraat 90
Südlicher Grachtengürtel ③
+31 (0)20 624 13 99
www.kaashuistromp.nl

Henk Kols Geschäft hat sieben Tage in der Woche geöffnet und ist der perfekte Laden für Gourmets. In der Nähe befinden sich ein guter Fleischer, eine Patisserie und ein Fischhändler. Im Angebot sind köstliche, frisch zubereitete Bauernbrot-Sandwiches sowie Käse aus Holland und ganz Europa.

24 KAASLAND

Haarlemmerdijk 1
Haarlemmer-Viertel ①
+31 (0)20 625 79 45
www.kaasland.eu

Das Erste, was man beim Betreten des Ladens sieht, ist ein Berg Käse, aus dem verschiedene Teller mit Kostproben ragen. Kaasland verkauft Hartkäse aus Holland, hat aber auch eine sehr gute Auswahl an französischen Sorten im Angebot. Außerdem gibt es knuspriges Brot, frisch geröstete Nüsse und Trockenfrüchte. Es ist wirklich nicht schwer, den Laden mit zwei vollen Einkaufstüten zu verlassen.

25 L'AMUSE

Olympiaplein 111
Amsterdam-Zuid ⑥
+31 (0)20 672 76 70
www.lamuse.nl

Die Inhaber des L'Amuse wissen einfach alles über Käse und sind immer auf der Suche nach neuen Geschmacksrichtungen (beispielsweise mit Tee, Whiskey oder Sake) für ihre Käsesorten. Auf ihrer Website stellen sie Rezepte vor und geben Tipps, wie man eine perfekte Käseplatte gestaltet; außerdem organisieren sie Verkostungen.

Die 5 besten
POMMESLÄDEN

26 **FRIETSTEEG**
Heisteeg 3
Altstadtzentrum ②
+31 (0)20 422 64 47

Frietsteeg liegt in einer Seitengasse der Spuistraat und verkauft frische Pommes frites in riesigen Portionen. Die Fritten sind goldbraun und knusprig, innen aber herrlich weich. Eine weitere Filiale befindet sich in dem kleinen Gebäude an der Brücke zwischen Stadionkade und Parnassusweg im Süden der Stadt.

27 **VLAAMS FRITESHUIS VLEMINCKX**
Voetboogstraat 31
Altstadtzentrum ②
+31 (0)6 547 87 000
www.vleminckxdesausmeester.nl

Fast jeder Reiseleiter empfiehlt seinen Gästen das Friteshuis Vleminckx. Warum ist es also ein Geheimtipp? Wer nicht weiß, wo der Laden liegt, kann ihn leicht übersehen; außerdem sind sich Touristen und Einheimische darüber einig, dass die Pommes (und die Mayonnaise) großartig schmecken.

28 **VITA'S FRIET**
Dappermarkt
Oosterpark-Viertel ⑤
www.vita-friet.nl

Nach einem Besuch des Dappermarkts sollte man sich unbedingt eine Portion Pommes frites bei Vita's Friet genehmigen. Das Lokal wurde beim jährlichen Pommes-frites-Test der Zeitung »Algemeen Dagblad« zum besten Pommesladen der Stadt gekürt.

29 FRITES UIT ZUYD

Ceintuurbaan 113–115
De Pijp ③
+31 (0)20 471 40 52
www.fritesuitzuyd.nl

Man kann die Pommes frites und Snacks von Frites uit Zuyd mit nach Hause nehmen oder direkt am Tresen mit einem Glas Wein oder Bier genießen. Der gemütliche Pommesladen ist eindeutig von seinen Vorbildern in Belgien und Frankreich inspiriert. Wer länger bleiben will, kann auch das Nachbarlokal Par Hasard besuchen, das denselben Inhabern gehört. Eine zweite Filiale befindet sich im Westen Amsterdams auf der Douwes Dekkerstraat 22.

30 FRIETBOUTIQUE

Johannes Verhulststraat 107
Museumsviertel ③
+31 (0)20 664 08 09
www.frietboutique.nl

Die IJsboutique verkauft an sonnigen Sommertagen Eiscreme. Aber was machen die Betreiber im Winter? Sie haben sich entschieden, Pommes frites und Snacks anzubieten. Erfolgreich, wie es scheint, denn die Frittierpfanne ist nun das ganze Jahr über in Betrieb.

29 FRITES UIT ZUYD

Die 5 besten Lokale für
BITTERBALLEN

31 **DE BALLENBAR IN DEN FOODHALLEN**
Hannie Dankbaar Passage 33
Amsterdam-West ④
www.deballenbar.com

Die Foodhallen sind ein überdachter Markt mit Lebensmittelständen, einer Bibliothek, Galerien und einem Kino. Sie wurden 2014 in einem ehemaligen Zugdepot eröffnet. Hier ist immer viel los, und es kann schwierig sein, einen Tisch zu bekommen. Einer der Gründe, die Hallen zu besuchen, ist De Ballenbar: Die Bouillabaisse-Bällchen mit Nordseegarnelen wurden von Sternekoch Peter Gast kreiert und schmecken einfach köstlich.

32 **HOFTUIN**
Nieuwe Herengracht 18a
Plantage-Viertel ②
+31 (0)20 370 27 23
www.eatwelldogood.nl

Das Hoftuin, ein ganztags geöffnetes Brunch-Restaurant mit leckeren Snacks, liegt in einem versteckten Garten neben dem Eremitage-Museum und ist von hohen Gebäuden umgeben. Alle Gerichte sind hausgemacht und bestehen aus frischen Bioprodukten.

33 **CAFÉ LUXEMBOURG**
Spui 24
Altstadtzentrum ②
+31 (0)20 620 62 64
www.luxembourg.nl

Die Bitterballen aus Kalbfleisch sind die Besten der Stadt. Das sagt zumindest ein Gourmetkritiker. Die Fleisch- und Shrimp-Ballen werden in der Amsterdamer Konditorei Holtkamp zubereitet.

34 CAFÉ STEVENS

Geldersekade 123
Altstadtzentrum ②
+31 (0)20 620 69 70

Es gibt nur einen Ort, um echte Bitterballen zu genießen: eine Amsterdamer Bar. Das Café Stevens ist so eine typische Kneipe, in der die Einheimischen morgens Kaffee trinken und Zeitung lesen. Nach der Arbeit schauen die Leute auf ein Bier vorbei – und können nicht der Versuchung widerstehen, ein paar leckere Bitterballen zu bestellen.

35 CAFÉ-RESTAURANT AMSTERDAM

Watertorenplein 6
Westerpark-Viertel ④
+31 (0)20 682 26 66
www.caferestaurant amsterdam.nl

Das Café-Restaurant Amsterdam befindet sich in einer ehemaligen Pumpstation des städtischen Wasserwerks, die etwa 1900 erbaut wurde. Das Café ist sehr geräumig, hell und hat ein tolles Industrieflair. Es serviert Bitterballen und Shrimpkroketten der Amsterdamer Unternehmen Oma Bobs und Holtkamp. Außerdem gibt es Mittag- und Abendessen (beide mittelpreisig) sowie eine gute Auswahl an Biersorten.

31 DE BALLENBAR

Die 5 besten

BURGERLOKALE

36 **THE BUTCHER**
Albert Cuypstraat 129
De Pijp ③
+31 (0)20 470 78 75
www.the-butcher.com

Im Butcher kann man am Ende eines Shoppingtags oder vor der Erkundung der Bars im Viertel De Pijp etwas Gutes essen. Es ist für seine leckeren Burger und knusprigen Pommes frites bekannt, hat aber ein Geheimnis: Hinter der Kühlschranktür befindet sich eine Cocktailkneipe. Eintritt aber nur auf Einladung.

37 **THRILL GRILL**
Gerard Doustraat 98
De Pijp ③
+31 (0)20 760 67 50
www.thrillgrill.nl

Ein Projekt von Fernsehkoch Robert Kranenborg, der den perfekten Burger kreieren wollte. Herausgekommen ist einer namens »The classic beef thriller« mit hauseigener Soße. Auf der Speisekarte stehen auch Hotdogs und Salate. Eine zweite Filiale befindet sich auf der 1e Constantijn Huygensstraat 35.

38 **SMOKIN' BARRELS**
Beukenplein 22
Oosterpark-Viertel ⑤
+31 (0)20 693 35 55
www.smokinbarrels.nl

Hier gibt's Hummer und Burger vom Holzkohlegrill sowie Craft-Bier und Gin Tonic. Ein belebtes Lokal im Osten der Stadt mit großer, umzäunter Terrasse, die im Winter beheizt wird. Am Wochenende gibt's guten Brunch mit Eiern Benedikt und Blaubeerpfannkuchen.

39 **THE DUTCH WEED BURGER JOINT**
Nicolaas Beetsstraat 47
Amsterdam-West ④
+31 (0)20 331 29 30
www.dutchweedburger.com

Die leckeren Burger von Dutch Weed gab es früher nur aus dem Imbisswagen, aber die Erfinder haben vor Kurzem ein Lokal nahe den Foodhallen eröffnet und behaupten, die erste vegane Algen-Fastfood-Bar der Welt zu sein. Die Burger bestehen aus Soja und Kombu-Royal-Winteralgen aus dem Nationalpark Oosterschelde. Auch die Brötchen und Soßen sind aus Algen und Seetang.

40 **BURGER 'N SHAKE**
Land van Cocagneplein 1d
Watergraafsmeer ⑤
+31 (0)20 221 28 56
www.burgersenshakes.nl

Hier bekommt man Burger zum Preis wie bei McDonald's, aber das sind auch schon alle Gemeinsamkeiten. Burger 'n Shake verwendet ausschließlich frisches Halal-Fleisch von Freilandtieren. Pommes frites und Gemüse sind frisch geschnitten und die Milchshakes bestehen aus Biomilch.

37 THRILL GRILL

Die 5 besten

FISCHRESTAURANTS

41 **MOSSEL & GIN**
Gosschalklaan 12
Westerpark-Viertel ④
+31 (0)20 486 58 69
www.mosselengin.nl

Die Inhaber wollen das Image von Muscheln verbessern und andere Kreationen als die üblichen Schmorgerichte servieren. Auf der Speisekarte stehen auch Austern aus Seeland, Hummer, Krabben und Shrimpskroketten. Mossel & Gin liegt im Westerpark und hat eine hübsche Terrasse.

42 **VIS AAN DE SCHELDE**
Scheldeplein 4
Amsterdam-Zuid ⑥
+31 (0)20 675 15 83
www.visaandeschelde.nl

Eines der besten Fischrestaurants der Stadt. Die Speisekarte wechselt alle zehn Wochen und bietet frische, saisonale Fischgerichte. Wochentags wird von 12 bis 15.30 Uhr Mittagessen serviert. Das Lokal hat abends täglich von 18.30 bis 23 Uhr geöffnet. Unbedingt reservieren!

43 **KRAS HARING**
Wittenburgergracht 179 (vor der Kirche)
Oostelijke Eilanden ②
+31 (0)299 36 84 30

Haringhappen sind eine holländische Tradition. Man fasst die Heringe am Schwanz, taucht sie (wenn man will) in rohe Zwiebeln und verzehrt sie genüsslich. Kras Haring, ein Imbissstand im Freien, ist der perfekte Ort für diese Spezialität.

44 THE SEAFOOD BAR

Van Baerlestraat 5
Museumsviertel ③
+31 (0)20 670 83 55
www.theseafoodbar.nl

Austern, Fish and Chips, Hummer und Sushi: In der Seafood Bar gibt's einfach alles. Der Fisch ist frisch, aromatisch und stammt, soweit möglich, aus nachhaltiger Aquakultur. Die Bar hat ein ansprechendes Industriedesign und eine offene Küche im hinteren Bereich. Weitere Filialen befinden sich auf der Spui 15 und auf der Ferdinand Bolstraat 32 im Viertel De Pijp.

45 BRIDGES

Oudezijds Voorburgwal 197
Altstadtzentrum ②
+31 (0)20 555 35 60
www.bridgesrestaurant.nl

Chefkoch Joris Bijdendijk hat für seine Arbeit im Bridges einen Michelinstern bekommen. Das feine Fischrestaurant gehört zum Hotel The Grand. Einst diente der Bau einfacheren Zwecken: als Kantine des Stadtrats. Das Bridges arbeitet mit der Organisation Slow Food zusammen, die den Einsatz vom Aussterben bedrohter Lebensmittel fördert.

41 MOSSEL & GIN

Die 5 besten

PIZZERIAS

46 **PINSA'S**
Spaarndammer-
straat 772
Westerpark-Viertel ④
+31 (0)20 386 86 80
www.pinsas.nl

Pinsa's wurde mehrmals zur besten Pizzeria des Landes gekrönt. Die Köche lassen den Teig 72 Stunden lang gehen und bereiten alle Pizzas vor Ort zu. Dadurch dauert es etwas länger, bis sie auf den Tisch kommen. Wer nicht warten will, kann online bestellen und dabei die Option »eat in our restaurant« wählen.

47 **PAZZI**
Eerste Looiers-
dwarsstraat 4
Jordaan ①
+31 (0)20 320 28 00
*www.pazzi
amsterdam.nl*

Pazzi startete seine Karriere mit einem kleinen Imbiss am Rand des Jordaan. Seine Pizzas wurden schnell berühmt, sodass ein größeres Restaurant auf der Declercqstraat eröffnet wurde. Wir empfehlen die scharfe *Pikante* mit sizilianischem Schinken und das Tartufo mit Parmaschinken und Trüffelsoße.

48 **YAM YAM**
Fredcrik Hendrik-
straat 88-90
Amsterdam-West ④
+31 (0)20 681 50 97
www.yamyam.nl

Das Yam Yam scheint immer voll zu sein, egal, zu welcher Tageszeit man herkommt. Es serviert Pizza und Pasta. Zum Dessert gibt's eine klassische *Torta al limone,* den leckeren Zitronenkuchen.

49 IL PECORINO

Van der Pekplein 11
Amsterdam-Noord ⑦
+31 (0)20 737 15 11
www.ilpecorino.nl

Il Pecorino liegt am Nordufer des Flusses IJ und hat eine wunderschöne Terrasse mit herrlichem Ausblick. Die klassische Margherita DOC schmeckt einfach himmlisch, aber auch die Pizza Bianca (ohne Tomatensoße) und die Calzone sind sehr gut. Das Lokal serviert auch Florentiner Bierspezialitäten sowie eine gute Auswahl an Weinen.

50 SOTTO LEGALE

Roelof Hartstraat 27
Museumsviertel ③
+31 (0)20 774 06 70
www.sottopizza.nl

Wie in allen guten Pizzerias steht auch hier der Holzofen im Mittelpunkt. Man kann sich vor das Restaurant setzen und dabei zusehen, wie die Pizzas in den Ofen hineingeschoben werden. Wer im Zwischengeschoss sitzt, spürt, wie die Hitze des Ofens nach oben dringt. Sotto Legale serviert authentische neapolitanische Pizzas. Wir empfehlen die *Carnevale* mit Ricotta unter der Kruste. Lecker!

Die 5 besten Restaurants
AUF DEM WASSER

51 **VUURTOREN EILAND**
Oostelijke Handelskade 34
ABFAHRT: VEEMKADE, GEGENÜBER VOM LLOYD-HOTEL
Oostelijke Eilanden ②
+31 (0)6 155 83 838
www.vuurtoreneiland.nl

Als das Restaurant 2013 in einem Naturreservat auf Vuurtoren Eiland eröffnet wurde, entwickelte es sich schnell zum Dauerbrenner. Man fährt mit dem Boot auf die Insel und speist dort in einem Gewächshaus mit Blick auf den Sonnenuntergang. Das erste Restaurant brannte ab, aber jetzt gibt es ein neues, größeres, das im Sommer und Winter geöffnet hat. Die Inhaber planen sogar, Übernachtungsmöglichkeiten für ihre Gäste einzurichten. Weit im Voraus buchen.

52 **LOKAAL EDEL**
Postjesweg 1
Amsterdam-West ④
+31 (0)20 799 50 00
www.lokaaledel.nl

Mit seiner Terrasse am Wasser hat das Bar-Restaurant eine wunderschöne Lage im Baarsjes-Bezirk. Das Gebäude aus den 1920er-Jahren wurde im Stil der Amsterdamer Schule erbaut. Die Speisekarte wechselt alle drei Monate und bietet preiswerte Mittags- und Abendgerichte. Am letzten Freitag im Monat veranstaltet Edel nachmittags beliebte Trinkfeste.

53 **PONT 13**
Haparandadam 50
Amsterdam-West ④
+31 (0)20 770 27 22
www.pont13.nl

Das Restaurant ist in einer Fähre aus den 1920er-Jahren untergebracht, die außerhalb des Stadtzentrums in einer ruhigen Hafengegend mit schönem Ausblick ankert. Die historische, authentische Umgebung macht sie zu einem perfekten Ort für ein romantisches Dinner. Sie ist auch ein beliebter Veranstaltungsort für Hochzeitsfeiern. Bei sonnigem Wetter sollte man im Voraus buchen, um nach der langen Anfahrt nicht enttäuscht zu werden.

54 **REM-EILAND**
Haparandadam 45-2
Westerpark-Viertel ④
+31 (0)20 688 55 01
www.remeiland.com

Die künstliche Insel REM wurde in den 1960er-Jahren in der Nordsee als Station für Piraten-Werbesender erbaut, jedoch nur knapp ein Jahr dafür genutzt. Später diente die Plattform als staatliche Messstation. 2006 wurde sie abgerissen und am Amsterdamer Hafen wiederaufgebaut. Hier bietet sie spektakuläre Ausblicke und herrliche Restaurants.

55 **GS BRUNCH BOAT**
Prinsengracht 263-267
ZU-/AUSSTIEG AM HOMOMONUMENT, KEIZERSGRACHT 198
Jordaan ①
www.reallynice place.com

Wahre Genießer sollten an Bord des Brunch-Schiffes gehen. Es legt jeden Samstag und Sonntag vom Westermarkt ab und unternimmt eine Fahrt durch die Grachten. Auf dem Boot werden tolle Cocktails (z. B. Mimosa oder Bloody Mary), Steaks, Eier und French Toast serviert. Dazu kann man Kaffee trinken und Brownies genießen. Ein guter Start ins Wochenende!

Die 5 besten
ASIA-RESTAURANTS

56 **FOU FOW RAMEN**
Elandsgracht 2a
Jordaan ①
+31 (0)20 845 05 44
www.foufow.nl

Nichts ist tröstlicher als eine große Schale dampfender Nudelsuppe. Fou Fow Ramen ist ein schlichtes Restaurant. Es bietet vier Arten von Brühe, die man mit seinen Lieblingszutaten füllt. Dazu wird japanisches Bier oder Sake serviert.

57 **KHAN**
Nederhoven 9
Amsterdam-Zuid ⑥
+31 (0)20 646 37 22

Man sollte sich von dem nüchternen Speiseraum nicht abschrecken lassen: Die Speisen sind sehr lecker! Wir empfehlen das Tintenfisch-*bulgogi* und die Kimchi-Pfannkuchen. In Buitenveldert gibt's ein kleines koreanisches Viertel mit mehreren Restaurants. Mit der Metro 51 bis Van Boshuizenstraat fahren.

58 **PHO 91**
Albert Cuypstraat 91
De Pijp ③
+31 (0)20 752 68 80
www.pho91.nl

Vietnamesisches Streetfood in einem kleinen, gemütlichen Restaurant. Pho ist eine Nudelsuppe, die ursprünglich aus Nordvietnam stammt, wo sie vorwiegend zum Frühstück gegessen wird. Hier gibt's abends vier verschiedene Arten von Pho (inklusive einer vegetarischen). Am Wochenende nur mittags geöffnet.

59 **NAM KEE**
Zeedijk 111–113
Altstadtzentrum ②
+31 (0)20 624 34 70
www.namkee.nl

Das kantonesische Restaurant wurde 1981 in Zeedijk, dem Zentrum des chinesischen Viertels, eröffnet. Landesweit berühmt wurde es als Schauplatz des Buches »Oysters at Nam Kee«, benannt nach dem hauseigenen Austerngericht – und später auch verfilmt. Weil es bei der chinesischen Gemeinde sehr beliebt ist, haben die Inhaber zwei weitere Filialen auf dem Nieuwmarkt und dem Marie Heinekenplein eröffnet.

60 **SONG KRAN**
Marnixstraat 86
Jordaan ①
+31 (0)20 320 45 62
www.songkran.nl

Das Thai-Restaurant liegt etwas abseits, aber in Laufnähe des Jordaan. Den Einheimischen zufolge gibt's hier die besten roten Currys und *tom kha kai,* würzige Hühnersuppe. Es ist einfach, aber geschmackvoll dekoriert. Die raffinierten Gerichte werden frisch zubereitet, und der Gastgeber ist sehr freundlich.

56 FOU FOW RAMEN

Die 5 schönsten

FRÜHSTÜCKSLOKALE

61 **COFFEE AND COCONUTS**
Ceintuurbaan 282–284
De Pijp ③
+31 (0)20 354 11 04
www.ctamsterdam.nl

Das prachtvolle Gebäude mit hohen Decken und mehreren Zwischenebenen wurde in den 1920er-Jahren als Kino erbaut. Nach der Renovierung ist es jetzt im Zen-Stil mit hellen Holzmöbeln und Pflanzen ausgestattet. Das Lokal zieht vor allem Hipster an und ist der perfekte Ort zum Entspannen, Schwatzen und Arbeiten. Frühstück bis 13 Uhr.

62 **LIBERTINE COMPTOIR DE CUISINE**
Berenstraat 20
Negen Straatjes ①
+31 (0)6 215 78 020
+31 (0)20 308 43 10
www.libertine.amsterdam

Dies ist die kleine Schwester des Café Libertine in der Wolvenstraat. Es hat ganztags geöffnet und serviert ausschließlich French Toast (auch glutenfrei), die mit Vanille, Pekannüssen oder herzhaften Zutaten belegt sind. Unbedingt den mit Hummer oder Eiern Benedikt probieren!

63 **GREENWOODS**
Singel 103
Altstadtzentrum ②
+31 (0)20 623 70 71
www.greenwoods.eu

Wer das Greenwoods besucht, fühlt sich wie auf einer gemütlichen englischen Tea Party. Das Café ist sehr klein – wer einen Platz ergattern kann, sollte die Eggs Royal (pochierte Eier mit Lachs auf englischen Muffins) probieren. Frühstück gibt es ganztags, nachmittags High Tea.

64 **STEK**
Wibautstraat 95-97
Oosterpark-Viertel ⑤
+31 (0)6 365 77 000
www.stek-amsterdam.com

Die Wibautstraat ist wie eine lange, schnurgerade Rennstrecke, die an die riesigen Alleen in Berlin erinnert. Doch sie ändert sich – überall schießen neue Hotels, hippe Clubs und zwanglose Restaurants aus dem Boden. Stek öffnet um 8 Uhr (am Wochenende um 10 Uhr), es gibt Joghurt, Früchte, Eier Benedikt und komplettes englisches Frühstück. Der Kaffee schmeckt hervorragend.

65 **KESSENS**
Rozengracht 24
Jordaan ①
+31 (0)20 221 74 31
www.kessensamsterdam.nl

Hier gibt's Frühstück mit Prosecco. denn das Leben ist dazu da, um genossen zu werden – so die Betreiber. Anna arbeitete früher in Schweden, das erklärt die schicke, cleane Einrichtung. Casper ist ein Sprössling der berühmten Konditorei Holtkamp – das Café serviert natürlich auch Holtkamp-Klassiker wie Bitterballen mit Shrimps oder Kalbfleisch.

65 KESSENS

Die 5 besten
LOCKER-ELEGANTEN RESTAURANTS

66 **SCHEEPSKAMEEL**
Kattenburgerstraat 7, Gebäude 24
Oostelijke Eilanden ②
+31 (0)20 337 96 80
www.scheepskameel.nl

Das elegante, aber preiswerte Restaurant eröffnete im Sommer 2016 östlich des Stadtzentrums. Es befindet sich im früheren Marineviertel, das zurzeit stark im im Trend ist. Auf der Speisekarte stehen ein Rohkost-, ein vegetarisches und ein Fleisch- oder Fischgericht sowie verschiedene Desserts. Man kann den Köchen in der offenen Küche beim Zubereiten der Gerichte zusehen.

67 **CAFÉ MODERN**
Meidoornweg 2
Amsterdam-Noord ⑦
+31 (0)20 494 06 84
www.modern amsterdam.nl

Das Café Modern serviert ausgewogene Speisen mit köstlichem Geschmack, darunter Kalbsbries mit Chorizo oder Jerusalemer Artischockensuppe. Es bietet auch ein Fünf-Gänge-Menü, das jede Woche wechselt. Das Restaurant befindet sich in einer alten Bank, daher ist es hier akustisch recht laut. Im Keller kann man sich noch die alten Safes ansehen. Im oberen Stock liegt das Boutiquehotel Sweet Dreamz.

67 CAFÉ MODERN

68 TOSCANINI

Lindengracht 75
Jordaan ①
+31 (0)20 623 28 13
www.restaurant toscanini.nl

Der Italiener ist ein echter Klassiker in Amsterdam, einige Kunden kommen seit Jahrzehnten hierher und geben diese Tradition an die nächste Generation weiter. Toscanini ist ein freundliches Kiezrestaurant, in dem man stundenlang sitzen, sechs Gänge Slowfood essen, drei Flaschen Wein trinken und anschließend ein letztes Glas Grappa genießen kann, um schließlich festzustellen, dass man eigentlich schon lange ins Bett gehört.

69 CAFÉ PANACHE

Ten Katestraat 117
Amsterdam-West ④
+31 (0)20 221 17 36
www.cafepanache.nl

Das charmante Restaurant auf dem Ten-Kate-Markt befindet sich in einem alten Lagerhaus. Es wurde 2015 eröffnet und wurde schnell sehr beliebt. Es gibt ein täglich wechselndes Drei-Gänge-Menü aus frischen Marktprodukten sowie Fisch- und Fleischgerichte vom Holzkohlegrill. Die Wände sind mit bunten Fliesen geschmückt, und von der Decke hängen Vogelkäfige und Pflanzen.

70 GUTS & GLORY

Utrechtsestraat 6
Südlicher Grachtengürtel ③
+31 (0)20 362 00 30
www.gutsglory.nl

Die Freunde Guillaume de Beer und Freek van Noortwijk waren früher Köche im Restaurant Daalder im Jordaan. und haben das Guts & Glory Anfang 2015 eröffnet. Sie wollten nicht nur eines von vielen Hühnchenrestaurants aufmachen, daher stellen sie alle sechs Monate ein anderes Tier ins Zentrum ihrer Kochkunst, von dem sie praktisch alle Teile zu köstlichen Gerichten verarbeiten.

Die 5 besten Lokale für ein

GESUNDES MITTAGESSEN

71 **GARTINE**
Taksteeg 7
Altstadtzentrum ②
+31 (0)20 320 41 32
www.gartine.nl

Gartine liegt versteckt in einer Gasse zwischen der belebten Kalverstraat und der Rokin. Das gemütliche Restaurant serviert köstliche Frühstücks- und Mittagsgerichte. Obst und Gemüse stammen aus eigenem Anbau (die Inhaber haben einen Bauerngarten außerhalb Amsterdams). Die Kuchenauswahl ist verführerisch, mit überraschenden Geschmackskombinationen und intensiven Aromen, die je nach Jahreszeit wechseln.

72 **INSTOCK**
Czaar Peterstraat 21
Oostelijke Eilanden ②
+31 (0)20 363 57 65
www.instock.nl

Jeden Morgen besucht das »Lebensmittel-Rettungsteam« des Instock nahe gelegene Supermärkte, um Lebensmittel einzusammeln, die bald ihr Ablaufdatum erreichen. Sie bereiten aus diesen Produkten – die sonst weggeworfen würden – leckere Gerichte zu. Aus braunen Bananen wird Bananeneiscreme, aus altem Brot French Toast und gegrillte Käsesandwiches. Gibt es eine kreativere Möglichkeit, um der Lebensmittelverschwendung entgegenzuwirken?

73 VENKEL

Albert Cuypstraat 22
De Pijp ③
+31 (0)20 772 31 98
www.venkelsalades.nl

In altmodischen Holzkisten wird Gemüse aufbewahrt, das einen Schönheitswettbewerb gewinnen könnte. Im Venkel werden regionale Bioprodukte zu Salaten und herzhaften Suppen verarbeitet. Man sollte unbedingt die Rhabarberlimonade oder den frischen Ingwertee probieren.

74 STADSKANTINE

Van Woustraat 120
De Pijp ③
+31 (0)20 774 18 47
www.destadskantine.nl

Die Stadskantine ist sehr beliebt bei Hipstern, die auf ihren Macbooks hämmern, und Studenten, die ihre Semesterarbeiten schreiben. Das liegt vor allem am WLAN und den billigen, aber leckeren und gesunden Gerichten. Man bestellt am Tresen und bekommt sein Essen sofort ausgehändigt. Die Stadskantine hat morgens, mittags und abends geöffnet, ist im Gegenteil zu einer richtigen Kantine aber ein schöner Ort zum Sitzen, Leute-Beobachten und Reden.

75 LAVINIA GOOD FOOD

Kerkstraat 176
Südlicher Grachtengürtel ③
+31 (0)20 626 14 32
www.laviniagoodfood.nl

Lavinia serviert drei verschiedene Gemüse-Cocktails (grün, orange und rot), große Sandwiches aus Sauerteigbrot mit Belägen wie Guacamole, Thunfisch und gegrillter Paprika sowie Dinkelpizzetta mit Lammfleisch oder Lachs. Wer Glück hat, kann einen Platz auf dem gemütlichen Ledersofa ergattern. Auf dem Amstelveenseweg 192 befindet sich eine weitere Filiale.

75 LAVINIA GOOD FOOD

70 TOLLE ORTE ZUM AUSGEHEN

Die 5 besten

BRAUEREIEN

76 **BROUWERIJ 'T IJ**
Funenkade 7
Indische Buurt ⑤
+31 (0)20 261 98 01
www.brouwerijhetij.nl

Der Puls von Bierfans schlägt schon beim Gedanken an diese alte Mühle schneller. Die Brouwerij 't IJ wurde bereits in den 1980er-Jahren, lange vor dem aktuellen Hype gegründet. Die Brauerei mit Verkostungsraum (und großer Terrasse!) befindet sich in einem alten Badehaus.

77 **DE PRAEL**
Oudezijds
Armsteeg 26
Altstadtzentrum ②
+31 (0)20 408 44 69
www.deprael.nl

De Prael ist nicht nur eine Brauerei mit netter Bar, sondern auch ein soziales Unternehmen, das Menschen mit psychischen Erkrankungen beschäftigt. Arno Kooy und Fer Kok waren Mitarbeiter der psychischen Gesundheitsfürsorge und Hobby-Bierbrauer, bevor sie ihre eigene Brauerei eröffneten.

78 **OEDIPUS**
Gedempt Hamer-kanaal 85
Amsterdam-Noord ⑦
www.oedipusbrewing.com

Vier Freunde, die einst im Dachgeschoss brauten, erobern die Bars von Amsterdam heute im Sturm. Ihre Biere sind für ungewöhnliche Geschmacksrichtungen bekannt. Wir empfehlen das Mannenliefde, ein saisonales Bier mit Zitronengras und Pfeffer, oder das Mama, ein Pale Ale aus Motueka-Hopfen.

79 **BROUWERIJ TROOST**
Pazzanistraat 25–27
Westerpark-Viertel ④
+31 (0)20 737 10 28
www.brouwerijtroost.nl

Troost bietet alle Biersorten, die man sich nur vorstellen kann. Die Brauerei hat erschwingliches Lagerbier, verschiedene IPAs, Amber Ale, Bockbier, Weizen, Porter und saisonale Spezialitäten auf Lager. Sie brennt sogar eigenen Gin. Die Brauerei mit Verkostungspub befindet sich in einem ehemaligen Kloster im Viertel De Pijp (Cornelis Troostplein 21), hat jetzt aber eine Filiale im Westteil der Stadt eröffnet, wo auch Führungen stattfinden.

80 **BUTCHER'S TEARS**
Karperweg 45
Amsterdam-Zuid ⑥
+31 (0)6 539 09 777
www.butchers-tears.com

Butcher's Tears braut seit 2012 Edelbier; 2013 eröffneten die Inhaber die kantinenartige Ausschankstube. Das außergewöhnliche Lokal hat eine wunderschöne Lage und veranstaltet abends regelmäßig Konzerte und Lesungen. Das Highlight sind aber die großartigen Biere, z. B. Lipreader, ein fruchtig-rauchiges Winterale, und Green Cap, ein Amsterdamer Pale Ale aus osteuropäischem Hopfen.

80 BUTCHER'S TEARS

Die 5 besten

TRADITIONSCAFÉS IM JORDAAN

81 **CAFÉ DE TUIN**
Tweede Tuin-dwarsstraat 13
Jordaan ①
+31 (0)20 624 45 59
www.cafedetuin.nl

Der Jordaan war das erste gentrifizierte Arbeiterviertel von Amsterdam. Es zog Mitte der 1990er-Jahre viele junge Berufstätige an. Das Café De Tuin ist eine klassische, volksnahe Bar, die am Wochenende sehr beliebt ist bei jungen Amsterdamern. Hier gibt es auch Sandwiches und Snacks.

82 **'T MONUMENTJE**
Westerstraat 120
Jordaan ①
+31 (0)20 624 35 41
www.monumentje.nl

't Monumentje ist ein kleiner, traditioneller Pub mit vielen Stammgästen, die hier von morgens bis Mitternacht trinken, reden und Zeitung lesen. Der Kaffee ist billig und schmeckt großartig. Viele Stammgäste nehmen im Oktober am Backgammon-Wettbewerb teil. Die »Wall of Fame« hängt gleich beim Eingang.

83 **CAFÉ LOWIETJE**
Derde Goudsbloem-dwarsstraat 2
Jordaan ①
+31(0)20 427 81 98
www.cafelowietje.nl

Eines war in jeder Folge der Krimiserie »Baantjer« ganz sicher: Irgendwann im Lauf des Films gingen die Hauptfiguren ins Café Lowietje. Inspektor De Cock und sein Kollege Vledder hatten dort dann immer einen Durchbruch bei ihren Ermittlungen.

84 DE KAT IN DE WIJNGAERT

Lindengracht 160
Jordaan ①
+31 (0)20 622 45 54
www.dekatinde wijngaert.nl

Als die Behörden im Juli 1886 das Aalköpfen verboten – bei dieser beliebten Tradition wurden lebende Aale an ein Seil gehängt und geköpft –, explodierte der Jordaan förmlich. Bei dem darauffolgenden Aufstand kamen 26 Menschen ums Leben. Die sogenannte Palingoproer (Aalrevolte) begann vor De Kat in de Wijngaert – als die Lindengracht noch ein Kanal war.

85 CAFÉ 'T SMALLE

Egelantiersgracht 12
Jordaan ①
+31 (0)20 623 96 17
www.t-smalle.nl

Im Café 't Smalle eröffnete Pieter Hoppe 1780 seine berühmte Genever-Brennerei. Weil er mehr Platz brauchte, um seinen beliebten Schnaps herzustellen, zog er später in die Stadt Schiedam um. Das Gebäude beherbergt seit 1978 das Café 't Smalle. Die Inhaber renovierten die Bar nach dem Vorbild eines alten Gemäldes, um seine authentische Einrichtung und Atmosphäre zu bewahren.

84 DE KAT IN DE WIJNGAERT

Die 5 besten

COCKTAILBARS

86 **VESPER BAR**
Vinkenstraat 57
Jordaan ①
+31 (0)20 846 44 58
www.vesperbar.nl

Die winzige Bar nahe der Haarlemmerdijk ist eine Ode an Vesper Lynd, die »einzige Frau, die James Bond jemals liebte«. Bond ist auch in der Dekoration der eleganten Bar präsent. Die Cocktails auf der Karte sind nach Geschmack geordnet: stark, leicht, sauer und süß.

87 **HIDING IN PLAIN SIGHT**
Rapenburg 18
Altstadtzentrum ②
+31 (0)6 252 93 620
www.hps amsterdam.com

Chesterfield-Sofas, Kronleuchter und alte Fotografien: Die winzige Cocktailbar hat eine tolle Retro-Atmosphäre, die an die Goldenen Zwanziger erinnert. Hiding in Plain Sight bietet großartige Cocktails in entspannter, unterhaltsamer Atmosphäre. Reservierung empfohlen!

88 **SKYLOUNGE DOUBLETREE HILTON**
Oosterdoksstraat 4
Altstadtzentrum ②
+31 (0)20 530 08 75
www.skylounge amsterdam.com

Das Restaurant mit Cocktailbar im 11. Stock des Doubletree Hilton hat große Fenster und eine Dachterrasse mit herrlichem Panoramablick auf die Stadt. Die Preise der SkyLounge sind so hoch wie das Gebäude, in dem die Bar liegt, aber der Blick auf den IJ und das Stadtzentrum ist einmalig.

89 DOOR74

Reguliers-
dwarsstraat 74
Südlicher Grachten-
gürtel ③
+31 (0)6 340 45 122
www.door-74.com

Wer die exklusive Cocktailbar von Timo Janse-de Vries besuchen will, sollte unbedingt reservieren. Sie ist mit dunklem Holz und antiken Accessoires dekoriert und sieht aus wie eine Flüsterkneipe der 1930er-Jahre. Jeden Tag gibt es einen anderen Spezialcocktail. Man muss nur Bescheid sagen, was einem schmeckt, und bekommt einen passenden Drink gemixt. Door74 wurde 2013 zu einer der 15 besten Bars der Welt gewählt.

90 HENRY'S BAR

Oosterpark 10
Oosterpark-Viertel ⑤
+31 (0)20 370 16 85
www.henrysbar.nl

Henry's Bar serviert hochwertige Cocktails zu vernünftigen Preisen. Man sucht sich von der langen Karte einen Drink aus oder bestellt einen der vielen Gin Tonics oder Whiskeys und genießt dazu eine Zigarre. In der Bar Bukowski nebenan gibt's Mittagessen und Snacks.

86 VESPER BAR

Die 5 besten Orte für
EINE TASSE KAFFEE

91 **WHITE LABEL COFFEE**
Jan Evertsenstraat 136
Amsterdam-West ④
+31(0)20 737 13 59
www.whitelabelcoffee.nl

Francesco und Elmer haben sich in der Espressofabriek im Westerpark kennengelernt und Anfang 2014 ihre eigene Rösterei und Bar eröffnet. Hier bekommt man großartigen Flat White, kann sich dabei in Ruhe hinsetzen und lesen. Die Inhaber verkaufen auch hausgeröstete Kaffeebohnen und kreative Schokoriegel des Amsterdamer Ladens Chocolátl.

92 **RUM BABA**
Pretoriusstraat 33
Oosterpark-Viertel ⑤
+31 (0)20 846 94 98
www.rumbaba.nl

Das helle, luftige Eckcafé ist ein echter Lichtblick im Osten Amsterdams. Es gehört zum nahen Café Bru und serviert losen Blatttee aus China sowie frisch gerösteten Kaffee. Appetit? Die hauseigene Bäckerei verkauft amerikanische Klassiker wie *Mud Pie* und *Lemon Drizzle Cake*.

93 **DE KOFFIESALON**
1e Constantijn Huygensstraat 82
Amsterdam-West ④
+31 (0)20 612 40 79
www.dekoffiesalon.nl

Das Lokal mit schönen Buntglasfenstern serviert italienischen Kaffee in gemütlicher Umgebung. Ein toller Ort, um den Tag mit einem Cappuccino zu beginnen. Mit Glück erhascht man auf der winzigen Terrasse ein paar Sonnenstrahlen.

94 **THE COFFEE VIRUS**
Overhoeksplein 2
Amsterdam-Noord ⑦
+31 (0)6 537 29 978
www.thecoffeevirus.nl

The Coffee Virus liegt in den früheren Labors von Shell, ist aber keine durchschnittliche Cafeteria. Das beliebte Lokal befindet sich in der Lobby von A Lab, einem gemeinschaftlichen Bürokomplex, in dem sich New-Media- und Technologie-Fachleute von angesagten Start-ups treffen. Es gibt Kaffee von Röstereien aus der Region, außerdem frische Salate, Sandwiches und Kuchen.

95 **SCANDINAVIAN EMBASSY**
Sarphatipark 34
De Pijp ③
+31 (0)6 816 00 140
www.scandinavian embassy.nl

Die Scandinavian Embassy ist eine minimalistische, aber anheimelnde Kaffeebar mit heller Holzeinrichtung und weißen Wänden. Inhaber ist der preisgekrönte argentinische Kaffeeröster Nicolas Castagno. Als er in seinen Zwanzigern in Schweden lebte, lernte er die dortige Kaffeeszene kennen. Später zog er nach Amsterdam, wo er sein eigenes Café mit schwedischem Touch eröffnete.

91 WHITE LABEL COFFEE

Die 5 süßesten

BARKATZEN

96 **PRIKKIEDIK @ CAFÉ PRIK**
Spuistraat 109
Altstadtzentrum ②
+31 (0)20 320 00 02
www.prikamsterdam.nl

Café PRIK ist eine beliebte Schwulenbar mit offener Einrichtung. Die Barkatze Prikkiedik (eine Anspielung an die rotbraune Comic-Katze Dikkie Dik) ist so alt wie die Bar selbst. Wer sie glücklich machen will, stellt eine Schale Wasser (oder ist es Wodka?) auf den Steinboden.

97 **CLAUS @ CAFÉ BAX**
Ten Katestraat 119
Amsterdam-West ④
+31 (0)20 612 23 43
www.cafebax.nl

Claus lief dem Café an dem Tag zu, als seine Vorgängerin Trix (benannt nach der früheren Königin) überfahren wurde. Sein Vorbesitzer, ein Fleischer, wollte ihn zurückholen, aber Claus blieb im Café. Der freundliche rotbraune Kater lässt sich gern streicheln, sogar im Schlaf.

98 **FENDER @ CAFÉ SOUND GARDEN**
Marnixstraat 164-166
Jordaan ①
+31 (0)20 620 28 53
www.cafesound garden.nl

Auf der Lieblingskiste dieser Barkatze steht »Casa di Fender«. Sie hatte früher eine Schwester namens Gibson, die nach einem Abenteuer verschwand. Fender lief direkt zur nächsten Polizeistation und konnte sicher nach Hause zurückgebracht werden. Er kratzt gern an Kisten und frisst dem Barkeeper aus der Hand.

99 MAUP @ BLAAUWHOOFT

Hendrik Jonkerplein 1
Westelijke Eilanden ①
+31 (0)20 623 87 21
www.blaauwhooft.nl

1977 wurde der Amsterdamer Baulöwe Maurits (Maup) Caransa gekidnappt. Wahrscheinlich steckte die Rote-Armee-Fraktion dahinter. Maup, die Barkatze des Café Blaauwhooft, ist nach ihm benannt. Das schlanke schwarze Tier mit weißem Latz (eine sogenannte Tuxedo-Katze) stolziert gern durch das entspannte Café-Restaurant, als wäre es sein eigener Landsitz.

100 FIDEL @ CAFÉ DE WETERING

Weteringstraat 37
Südlicher Grachtengürtel ③
+31 (0)20 622 96 76

Der rot-weiße Kater Fidel streunt gern herum. Er ist schon mehrmals in eine Gracht gefallen und steckte sogar einmal in einem Garten fest. Aber er kehrt immer wieder ins Café de Wetering zurück, wo am Fenstersims seine Hausbox steht.

99 MAUP @ BLAAUWHOOFT

Die 5 Bars mit der GRÖSSTEN BIERAUSWAHL

101 **CAFÉ GOLLEM**
Raamsteeg 4
Altstadtzentrum ②
+31 (0)20 612 94 44
www.cafegollem.nl

Das winzige, braune Café Gollem befindet sich in einer ehemaligen Destillerie unweit der Spuistraat. Bei der Eröffnung 1974 war es die erste Spezialitäten-Bierbar in Amsterdam. Gollem serviert 14 Fass- und 200 Flaschenbiere. Das Café hat vier weitere Filialen in der Stadt.

102 **IN DE WILDEMAN**
Kolksteeg 3
Altstadtzentrum ②
+31 (0)20 638 23 48
www.indewildeman.nl

Die Räume der Bar wurden einst von der Destillerie Levert & Co. genutzt und haben immer noch ein authentisches Flair. Die Wände sind mit Holzfässern, alten Reklametafeln und Bierutensilien dekoriert. Aber das wahre Highlight ist die Karte: 18 verschiedene Fassbiere und 250 Flaschenbiere stehen zur Auswahl, die meisten kommen aus Belgien und den Niederlanden.

103 **ARENDSNEST**
Herengracht 90
Haarlemmer-Viertel ①
+31 (0)20 421 20 57
www.arendsnest.nl

Arendsnest ist einmalig, denn es ist die einzige Bierbar in Amsterdam, die sich auf niederländische Marken spezialisiert hat. Die Auswahl ist trotzdem riesig: Es bietet 30 Fass- und 100 Flaschenbiere. Im Keller finden Verkostungen statt.

104 WESTERDOK

Westerdoksdijk 715a
Westelijke Eilanden ①
+31 (0)20 428 96 70
www.cafewesterdok.nl

Steve Bramwell und Adelina betreiben das Westerdok, eine historische Bar, die 1899 eröffnet wurde. Sie ist ein sogenanntes »freies Haus«, also an keine Brauerei gebunden. Die Inhaber können ihre Biersorten daher frei auswählen. Der Raucherbereich ist besonders toll: ein riesiger Raum im Keller, mit Billardtischen, Dartscheiben und Lounge-Sesseln.

105 CRAFT & DRAFT

Overtoom 417
Amsterdam-West ④
+31 (0)20 223 07 25
www.craftanddraft.nl

Die funktionale Inneneinrichtung des Craft & Draft ist sehr minimalistisch. Es gibt nur wenige Sitzplätze – aber wer einmal dort ist, kann sich auf eine Reise durch die Welt der Biere freuen. Das Craft & Draft serviert etwa 140 Biersorten, darunter aus Skandinavien, England, Spanien und den USA. Die Bar hat ein kleines Fenster an der Ladenfront, wo man auch Bier zum Mitnehmen kaufen kann.

104 WESTERDOK

Die 5 besten

PARTY-LOCATIONS

106 **CLUB SHELTER**
Overhoeksplein 3
Amsterdam-Noord ⑦
www.shelter amsterdam.nl

Das Shelter gehört zu den Neuzugängen in der Amsterdamer Clubszene. Es ist wirklich ein »Underground«-Club, denn es liegt in einem Kellerraum unter dem Fluss IJ (beim A'DAM-Turm) und ist nur durch eine Bodenklappe zu erreichen. Gespielt wird hauptsächlich Techno und House. Die Einrichtung ist minimalistisch, der Sound großartig.

107 **WAREHOUSE ELEMENTENSTRAAT**
Elementenstraat 25
Nieuw-West ④
+31 (0)900 660 66 06
www.elementen straat.nl

Im westlichen Hafenviertel fanden in den Neunzigern viele (illegale) Ravepartys statt. Das Lagerhaus in der Elementenstraat 25 war viele Jahre geschlossen, wurde aber im Frühjahr 2014 unter dem Namen Warehouse Elementenstraat wieder eröffnet. Der Club mit Industrieflair veranstaltet regelmäßig Techno- und Housepartys, bei denen bis zu 2500 Feierfreudige die Nächte durchtanzen.

108 DE SCHOOL

Dr Jan van Bree-menstraat 1
Nieuw-West ④
+31 (0)20 737 31 97
www.deschool amsterdam.nl

In der einstigen technischen Berufsfachschule werden im Kellergeschoss Partys mit DJs aus aller Welt veranstaltet. Auch ein Konzertraum und eine Galerie sind vorhanden, außerdem ein tolles Restaurant, ein Garten mit Terrasse und eine Yoga- und Fitnessschule. Genug Unterhaltung also, um hier den ganzen Tag zu verbringen.

109 DE MARKTKANTINE

Jan van Galenstraat 6
Amsterdam-West ④
+31 (0)20 732 17 60
www.marktkantine.nl

Das frühere Marcanti-Gebäude wurde in den 1930er-Jahren als Kantine für die Mitarbeiter der benachbarten Markthallen (die heute Food Center Amsterdam heißen) erbaut. Bis zu seiner Schließung 2010 diente es als Theater und Diskothek. Seit 2014 finden hier regelmäßig Clubnächte statt, außerdem gibt es ein amerikanisches Grillrestaurant.

110 RADION

Louwesweg 1
Nieuw-West ④
+31 (0)20 452 47 09
www.radion amsterdam.nl

Das Radion war früher eine Hochschule für Zahnärzte, beherbergt heute aber eine der innovativsten und originellsten Kulturplattformen Amsterdams. Es liegt im Westen der Stadt und organisiert regelmäßig Clubnächte, Performances und Lesungen. Dank der 24-Stunden-Lizenz gehen die Nächte hier nahtlos in den Tag über.

Die 5 schönsten
WOHNZIMMERCAFÉS

111 **KRITERION**
Roetersstraat 170
Plantage-Viertel ②
+31 (0)20 623 17 08
www.kriterion.nl

Als die Nazis im Zweiten Weltkrieg Amsterdam besetzten, half eine Gruppe von Studenten etwa 1000 jüdischen Kindern dabei, unterzutauchen. Nach Kriegsende gründeten die Studenten ein kommerzielles Filmtheater, das es ihnen ermöglichte, ihr Studium finanziell unabhängig abzuschließen. Das Kino und Café sind noch immer sehr beliebt bei Studenten.

112 **DE RUYSCHKAMER**
Ruyschstraat 34h
Oosterpark-Viertel ⑤
+31 (0)20 670 36 22
www.deruyschkamer.nl

Alles hier steht zum Verkauf. Nicht nur die gesunden Säfte, Erdnussbutter-Sandwiches, Bitterballen und Biere – auch die Retromöbel und Vintage-Kuriositäten können gekauft werden.

113 **CAFÉ L'AFFICHE**
Jacob van Lennepstraat 39hs
Amsterdam-West ④
+31 (0)20 612 19 59
www.cafelaffiche.nl

Hier treffen sich Einheimische und Touristen, angezogen von der gemütlichen Einrichtung, den freundlichen Mitarbeitern und den Wänden voller Poster (daher der Name). Bis spät in die Nacht gibt es köstliche Käsetoasts. Größte Attraktion ist aber die riesige Terrasse mit Blick nach Westen und viel Sonnenschein an den Spätnachmittagen!

114 CAFÉ BRECHT

Weteringschans 157
Südlicher Grachtengürtel ③
+31 (0)20 627 22 11
www.cafebrecht.nl

Im Café Brecht scheint die Zeit stehen geblieben zu sein. Kitschige Lampen, bunte Blumentapeten und alte, kuschelige Möbel bestimmen das Flair. Brecht ist ein altmodisches, gemütliches Wohnzimmercafé im deutschen Stil, die Bierkarte enthält deutsche Spezialitäten.

115 BAR JOOST

Molukkenstraat 33
Indische Buurt ⑤
+31 (0)6 437 48 787
www.joost-amsterdam.nl

2014 wurde die Bar Joost im aufstrebenden Indischen Buurt eröffnet und entwickelte sich schnell zu einem beliebten Nachbarschaftscafé. Es serviert köstlichen Kaffee aus regionalen Röstereien, Cider, Limonaden, Whiskey, Cocktails und 40 Biersorten aus Amsterdam. Achtung: Wer die Schiffsglocke über der Bar läutet, muss eine Runde ausgeben.

114 CAFÉ BRECHT

Die 5

STILVOLLSTEN CAFÉS

116 **CAFÉ SCHILLER**

Rembrandtplein 24
Altstadtzentrum ②
+31 (0)20 624 98 46
www.cafeschiller.nl

Im Café Schiller ist die Zeit im Jahr 1913 stehen geblieben. Ursprünglich war dies ein Hotel, aber Ende der 1920er-Jahre wurde hier eine Bar eröffnet, die sich schnell zum Treffpunkt von Künstlern und Intellektuellen entwickelte. Zu den Stammgästen zählten z. B. der Bildhauer Ossip Zadkine und die Komödiantin Fien de la Mar. Im Gebäude hängen noch zahlreiche Gemälde aus dieser Zeit.

117 **TUNES BAR – CONSERVATORIUM HOTEL**

Van Baerlestraat 27
Museumsviertel ③
+31 (0)20 570 00 00
www.conservatoriumhotel.com/restaurants-and-bars/tunes-bar

Die stilvolle Cocktailbar im Conservatorium Hotel hat eine quirlige, urbane Atmosphäre – sogar Madonna und Lady Gaga wurden hier schon gesichtet. Das Gebäude stammt von 1901 und war zunächst Hauptsitz der Nationalbank, bis 1984 das Amsterdamer Konservatorium einzog. 2011 wurde es zu einem Hotel umgebaut. Die Ausstattung übernahm der italienische Designer Piero Lissoni.

118 CAFÉ DE JAREN

Nieuwe Doelenstraat 20–22
Altstadtzentrum ②
+31 (0)20 625 57 71
www.cafedejaren.nl

Rembrandt van Rijn lebte zwei Jahre lang in der Nieuwe Doelenstraat 20–22. Heute befindet sich hier eines der größten Prachtcafés Amsterdams. Es zieht sich über zwei Etagen und hat riesige Fenster. Das Highlight ist aber die Terrasse mit Blick auf den Fluss Amstel. Besucher, die mit dem Boot herkommen, nutzen das Privatdock als Anlegeplatz.

119 GRAND CAFÉ-RESTAURANT 1E KLAS

Stationsplein 15
Hauptbahnhof - Bahnsteig 2b
Altstadtzentrum ②
+31 (0)20 625 01 31
www.restaurant1eklas.nl

Das 1e Klas (Erste Klasse), ein prachtvolles Café im Jugendstil, liegt am Bahnsteig 2b im Hauptbahnhof Amsterdams. Es ist ein beliebter Ort für Geschäftstermine, Interviews und Verabredungen. Der Bahnhof - und das 1e Klas - wurden zwischen 1882 und 1889 von dem Architekten Pierre Cuypers erbaut, der auch das Rijksmuseum gestaltete.

120 CAFÉ AMERICAIN

Leidsekade 97
Südlicher Grachtengürtel ③
+31 (0)20 556 30 10
www.cafeamericain.nl

Es gibt eine Geschichte über den Schriftsteller Harry Mulisch. In den frühen Jahren seiner Karriere besuchte er oft das Café Americain - eine Amsterdamer Institution, die 1902 im Jugendstil erbaut wurde und sehr beliebt bei Künstlern und Literaten war. Mulisch ließ sich im Café gern mit den Worten »Telefongespräch für Mr. Mulisch!« ausrufen, daher kannten viele Leute seinen Namen schon, bevor sie seine Bücher gelesen hatten.

Die 5 schönsten Bars und Cafés
AM WASSER

121 **AMSTERDAM ROEST**
Jacob Bontiusplein
Oostelijke Eilanden ②
+31 (0)20 308 02 83
www.amsterdamroest.nl

Der große Fabrikkomplex Van Gendthallen auf Oosterburger Eiland wurde Ende des 19. Jahrhunderts erbaut. 2011 eröffnete das Café Roest dort, wo früher der Strom für die Fabrik erzeugt wurde. Das Kreativprojekt zieht eine skurrile Mischung aus Familien, Hippies, Journalisten und Hipstern an.

122 **HANNEKE'S BOOM**
Dijksgracht 4
Oostelijke Eilanden ②
+31 (0)20 419 98 20
www.hannekesboom.nl

Hanneke's Boom wurde erstmals 1662 auf einem Stadtplan verzeichnet. Es war das Tor zu einem der Wasserwege, die in die Stadt führten. Hier kontrollierten die Behörden jeden, der die Stadt betrat und verließ. 2011 eröffnete diese beliebte Bar mit Terrasse auf Wasserhöhe.

123 **DE CEUVEL**
Korte Papaverweg 4
Amsterdam-Noord ⑦
+31 (0)20 229 62 10
www.cafedeceuvel.nl

Als der Stadtrat eine neue Verwendung für die alte Schiffswerft suchte, kam eine Gruppe junger Unternehmer auf die Idee, ein komplett selbstversorgendes, nachhaltiges Café mit wasserlosen Toiletten, bodenreinigender Bepflanzung und Solarpaneelen auf dem Dach zu bauen.

124 DE WATERKANT

Marnixstraat 246
Jordaan ①
+31 (0)20 737 11 26
www.waterkant amsterdam.nl

Niemand hätte gedacht, dass auf der Fläche unter der Europarking-Garage einmal ein angesagtes Bar-Restaurant eröffnen würde. Aber nun ist es da! Der Name bezieht sich auf den Boulevard am Suriname-Fluss im südamerikanischen Paramaribo. Auch die Amsterdamer Version ist oft brechend voll. Die Bar bietet eine großartige Auswahl an Bieren und Snacks (Nachos, Hühnerflügel, Salate) und serviert nach 17.30 Uhr auch Abendessen.

125 PLLEK

T. T. Neveritaweg 59
Amsterdam-Noord ⑦
+31 (0)20 290 00 20
www.pllek.nl

Das Restaurant liegt am Ufer des IJ. Bei sonnigem Wetter ist die Terrasse (die man schon als Strand bezeichnen kann) brechend voll. Abends gibt's Lagerfeuer. Pllek bietet Frühstück, Mittag- und Abendessen. Die meisten Gerichte bestehen aus regionalen Saison- und Bioprodukten.

124 DE WATERKANT

Die 5 besten Orte für
SPIRITUOSEN

126 WHISKYCAFÉ L&B

Korte Leidse-dwarsstraat 82–84
Südlicher Grachtengürtel ③
+31 (0)20 625 23 87
www.whiskyproeverijen.nl

Das L&B hat eine fantastische Auswahl von über 1800 Whiskeysorten auf Lager. Die meisten sind schottisch, aber auf der Karte stehen auch Marken aus Irland, den USA und Japan. Keine Sorge, wenn man sich nicht entscheiden kann: Die Mitarbeiter sind sehr kompetent und helfen bei der Auswahl.

127 WYNAND FOCKINK

Pijlsteeg 31
Altstadtzentrum ②
+31 (0)20 639 26 95
www.wynand-fockink.nl

Die Destillerie Wynand Fockink wurde 1679 eröffnet. Sie war viele Jahrhunderte lang die größte Brennerei der Niederlande mit Filialen in allen europäischen Hauptstädten. Nach dem Zweiten Weltkrieg übernahm ihr Hauptkonkurrent Bols die Destillerie. Nur der Verkostungsraum ist geblieben. Hier kann man immer noch die hausgemachten Genever, Brandys und alten holländischen Liköre von Wynand Fockink probieren, z. B. den Drie Maal Drie aus Mandeln, Brandy und Orangen.

128 'T NIEUWE DIEP

Flevopark 13
Indische Buurt ⑤
+31 (0)6 270 76 065
+31 (0)6 506 76 339
www.nwediep.nl

'T Nieuwe Diep (Der neue See) ist eine Kleinbrennerei mit Verkostungsraum im Herzen des Flevoparks. Sie wurde 2010 eröffnet und hat etwa 100 hausgemachte Genever, Magenbitter und andere Spirituosen im Angebot. Die meisten Sorten werden aus Bioprodukten hergestellt. Im Park sind keine Autos erlaubt, man kommt also nur zu Fuß oder mit dem Rad hierher.

129 DE DRIE FLESCHJES

Gravenstraat 18
Altstadtzentrum ②
+31 (0)20 624 84 43
www.dedriefleschjes.nl

Der Verkostungsraum wurde 1650 eröffnet, in einer Zeit, als Genever aus Destillerien im Norden der Niederlande weltweit verkauft wurde. Der Boden ist noch immer mit Sand bedeckt, was damals als hygienisch galt; der Tresen ist sehr niedrig, daher muss man sich beim Trinken (traditionell ohne die Hände zu gebrauchen) tief bücken. Das Lokal wird gern von Touristen besucht.

130 PROEFLOKAAL DE OOIEVAAR

Sint Olofspoort 1
Altstadtzentrum ②
+31 (0)23 561 54 90
www.proeflokaal deooievaar.nl

Man vermutet es auf den ersten Blick nicht, aber Zeedijk ist ein sehr gemischtes Viertel. Die Touristen ziehen die meiste Aufmerksamkeit auf sich, aber in Zeedijk gibt's auch einige authentische Bars, in denen die Einheimischen gern Bier oder Genever trinken. Eine von ihnen ist De Ooievaar (Der Storch): Der Verkostungsraum hat eine große Auswahl an Genevern und Likören im Angebot.

Die 5 besten

COFFEESHOPS

131 **KATSU**

Eerste v/d Helst-straat 70
De Pijp ③
www.katsu.nl

Katsu wurde von einem Besucher einmal als »Coffeeshop für kultivierte Raucher« bezeichnet. Hier kann man Marihuana rauchen, Zeitung lesen oder mit den Leuten schwatzen. Im Sommer sitzen die Gäste auf der Terrasse oder gehen zum Rauchen in den Sarphati-Park.

132 **LA TERTULIA**

Prinsengracht 312
Jordaan ①
+31 (0)20 623 85 03

Einer der freundlichsten Coffeeshops der Stadt. Er sieht aus wie eine gemütliche Teestube, mit Pflanzen und einem Sitzbereich auf dem Balkon sowie einer Terrasse mit Grachtenblick. Auf der bemalten Ziegelfassade ist Vincent van Gogh zu sehen, der von seiner Kunst – oder vom Marihuana? – ganz high ist …

133 **SIBERIË**

Brouwersgracht 11
Haarlemmer-Viertel ①
+31 (0)20 623 59 09
www.coffeeshopsiberie.nl

Hierhin könnte man seine Mutter führen, um ihr zu zeigen, dass Coffeeshops nichts Schlimmes sind. Der saubere, geräumige Shop liegt an einem ruhigen Abschnitt der wunderschönen Brouwersgracht nahe vom Hauptbahnhof und wird sowohl von Touristen als auch von Einheimischen besucht.

134 ABRAXAS

Jonge Roelensteeg 12
Altstadtzentrum ②
+31 (0)20 625 57 63
www.abraxas.tv

Das Abraxas gleicht einem psychedelischen Alice im Wunderland, mit kunterbunten Farben, flackerndem Licht und – wenn man blinzelt – sogar einer Wasserpfeife rauchenden Raupe. Der Shop ist seit 25 Jahren in Betrieb und für seine zentrale Lage, großartige Atmosphäre und den freundlichen Service bekannt.

135 BOEREJONGENS

Baarsjesweg 239
Amsterdam-West ④
www.boerejongens.com

Mit seiner klassischen Einrichtung erinnert der Coffeeshop an eine altmodische Apotheke. Einige sagen, dass es hier das beste Cannabis der Stadt gibt. Der Inhaber der Boerejongens-Kette (es gibt noch zwei weitere Filialen) betreibt auch Amsterdam Genetics, einen großen Saatgutlieferanten.

132 LA TERTULIA

Die 5 schönsten Lokale mit
TERRASSEN

136 **CAFÉ COOK**
James Cookstraat 2
Amsterdam-West ④
+31 (0)20 612 05 47
www.cafecook.nl

Jan Maijenplein ist ein ruhiger Platz im Westen Amsterdams. Er liegt abseits der Hauptstraße; vor der prachtvollen Jerusalem-Kirche im typischen Stil der Amsterdamer Schule spielen Kinder Fußball. Das Café Cook hat eine große Terrasse an der Ecke des Platzes, auf der man ab dem frühen Nachmittag die Sonne genießen und einen Kaffee trinken kann. Hier kann man auch ein Abendessen bekommen.

137 **DE LIEFDE**
Bilderdijkpark 1a
Amsterdam-West ④
+31 (0)20 389 23 54
www.deliefde amsterdam.nl

Der winzige Bilderdijkpark war im 19. Jahrhundert ein katholischer Friedhof mit einer kleinen, von Jan David Zocher (der auch Teile des Vondelparks entwarf) erbauten Leichenhalle. Diese Halle blieb auch, als der Friedhof zum Park umgestaltet wurde. 2012 wurde das Gebäude umfassend renoviert und beherbergt seitdem das Café-Restaurant De Liefde (Die Liebe, benannt nach dem Friedhof).

138 CAFÉ-RESTAURANT DE PLANTAGE

Plantage Kerklaan 36
Plantage-Viertel ②
+31 (0)20 760 68 00
www.caferestaurantdeplantage.nl

In den früheren Büros des Amsterdamer Zoos Artis ist vor Kurzem das hochmoderne Restaurant De Plantage eingezogen. Der große hölzerne Wintergarten bietet Platz für 240 Gäste. Von der großen Terrasse schaut man Richtung Vogelgehege, sodass man beim Essen Löffelreiher und Flamingos beobachten kann.

139 VERGULDEN EENHOORN

Ringdijk 58
Watergraafsmeer ⑤
+31 (0)20 214 93 33
www.verguldeneenhoorn.nl

Der Trubel des Stadtlebens scheint weit entfernt, wenn man diesen alten Bauernhof (erbaut 1702) betritt. Unter den Holzbalken des früheren Kuhstalls befindet sich heute ein wunderschönes Restaurant, aber die wahre Attraktion ist der Garten mit Magnolienbäumen, Rasenflächen und unzähligen Blumen. Ein herrlicher Ort für einen gemütlichen Nachmittag.

140 VONDELPARK3

Vondelpark
Amsterdam-Zuid ⑥
+31 (0)20 639 25 89
www.unlimitedlabel.com/nl/vondelpark3

Der Vondelpark-Pavillon aus den 1870er-Jahren wurde einst als Ausstellungsort genutzt. Das Filmmuseum, das sich heute in Amsterdam-Nord befindet, war bis 2012 im Pavillon untergebracht. Nach einer Renovierung wurde das Gebäude als Medien-Hotspot unter dem Namen VondelCS wiedereröffnet. Das hier ansässige Restaurant Vondelpark3 hat zwei große Terrassen, die sich ebenerdig und am oberen Ende der großen Treppe befinden.

Die 5 besten Orte für

SCHWULE UND LESBEN

141 **DE TRUT**
Bilderdijkstraat 165e
Amsterdam-West ④
+31 (0)20 612 35 24
www.trutfonds.nl

1985 eröffnete in der besetzten Fabrik der Schwulenclub De Trut (Die Schlampe). Seitdem hat er sich zu einem Treffpunkt von Liberalen und Kreativen entwickelt. Vor allem die Sonntagspartys sind extrem beliebt. Das Konzept ist einfach: ausschließlich Schwule und Lesben, keine Handys und billige Getränke.

142 **LELLEBEL**
Utrechtsestraat 4
Südlicher Grachtengürtel ③
+31 (0)20 233 65 33
www.lellebel.nl

De Lellebel wird von Transvestiten betrieben. Die freundlichen Mitarbeiter laden alle Gäste ein, miteinander zu reden oder bei einer Playback-Show mitzumachen. Zu Beginn ist man vielleicht etwas schüchtern, wird die entspannte Atmosphäre aber schnell genießen.

143 **CAFÉ 'T MANDJE**
Zeedijk 63
Altstadtzentrum ②
+31 (0)20 622 53 75
www.cafetmandje.nl

Bet van Beeren eröffnete das Café 1927. Sie war eine Legende: Sie trug gern Ledermäntel, fuhr mit dem Motorrad herum und lebte ihre Homosexualität frei aus. Ihre Bar war einer der ersten Orte, wo sich Schwule und Lesben offen treffen konnten. Das Amsterdam Museum zeigt Teile der alten Caféeinrichtung.

144 **SAAREIN**

Elandsstraat 119
Jordaan ①
+31 (0)20 623 49 01
www.saarein2.nl

1978 schlossen sich 10 Frauen zusammen und eröffneten im Jordaan den Pub Saarein. Er wurde zu einem Ort, an dem sich Lesben ohne neugierige Blicke von Männern treffen konnten. Männer durften die Bar nicht betreten. Die Zeiten haben sich geändert: Heute ist die Bar für alle Homosexuellen zugänglich.

145 **TABOO BAR**

Reguliersdwars-straat 45
Altstadtzentrum ②
+31 (0)20 775 39 63
www.taboobar.nl

Die Reguliersdwarsstraat war in den 1960er-Jahren die bekannteste Schwulenstraße Amsterdams, weil sie die Schwulenszene der Kerkstraat und eine große Disco am Singel miteinander verband. Die kleine, intime Bar bietet eine gute Auswahl an Cocktails.

142 LELLEBEL

167 MOOOI

80 ORTE ZUM SHOPPEN

5
GUT SORTIERTE BUCHLÄDEN

146 HET MARTYRIUM

Van Baerlestraat 170-172
Museumsviertel ③
+31 (0)20 673 20 92
www.hetmartyrium.nl

Der Buchladen hat die ruhige Atmosphäre einer Bibliothek. Hier kann man problemlos eine Stunde stöbern. Er hat eine große Verkaufsabteilung mit einer erstaunlichen Bandbreite verbilligter alter und neuer Bücher. Auch die Abteilung für englische Literatur, Poesie und Sachbücher ist sehr gut.

147 ATHENAEUM

Spui 14-16
Altstadtzentrum ②
+31 (0)20 514 14 60
www.athenaeum.nl

Athenaeum wurde in den 1960er-Jahren eröffnet und ist für seine große Auswahl an Sachbüchern und Fachliteratur bekannt, auch für kulturelle und akademische Institutionen. Das Nieuwscentrum nebenan bietet die beste Auswahl an ausländischen Zeitungen und Magazinen.

148 SCHELTEMA

Rokin 9
Altstadtzentrum ②
+31 (0)20 523 14 11
www.scheltema.nl

Scheltema wurde 1853 gegründet, stand aber 2014 vor der Schließung. Zum Glück hat das Geschäft an einem neuen Standort wiedereröffnet und bietet nun 120 000 Bücher auf fünf Etagen. Dazu gehören auch gebrauchte Bücher, eine gute Auswahl englischer und deutscher Literatur und eine Kaffeebar im ersten Stock.

149 BOEKHANDEL VAN ROSSUM

Beethovenstraat 32
Amsterdam-Zuid ⑥
+31 (0)20 470 70 77
www.boekhandel van-rossum.nl

Van Rossum hat seine Ladenfläche vor Kurzem verdoppelt – Buchläden können also auch im Digitalzeitalter florieren. Der Laden wurde 1929 eröffnet und ist ein beliebtes Einkaufsziel an der schicken Beethovenstraat. Er bietet eine breite Auswahl, hat sich aber vor allem auf Geschichts- und Kinderbücher in mehreren Sprachen spezialisiert. Nach dem »geheimen Raum« mit holländischen und englischen Kinderbüchern fragen!

150 AMERICAN BOOK CENTER

Spui 12
Altstadtzentrum ②
+31 (0)20 625 55 37
www.abc.nl

In diesem vierstöckigen Mekka für englischsprachige Literatur kann man sich beim Stöbern leicht verirren. ABC hat gute Abteilungen für Reise- und Fantasy-Literatur und bietet eine große Auswahl an Spielen. Im Treehouse gegenüber, an der Voetboogstraat 11, finden Lesungen und Ausstellungen statt.

150 AMERICAN BOOK CENTER

Die 5 besten
FACHBUCHHANDLUNGEN

151 **REISBOEKHANDEL PIED À TERRE**
Overtoom 135-137
Amsterdam-West ④
+31 (0)20 627 44 55
www.piedaterre.nl

Globetrotter strömen in diesen Laden, um Reiseliteratur, Reiseführer und alle Arten von Karten zu kaufen: zum Radeln, Wandern, Klettern, Autofahren und sogar zum Fliegen. Es ist mühsam, den 400 m² großen Laden zu erkunden. Zum Glück gibt's auch ein gutes Café.

152 **LAMBIEK**
Koningsstraat 27
Altstadtzentrum ②
+31 (0)20 626 75 43
www.lambiek.net

Mit dem Lambiek eröffnete der kürzlich verstorbene Kees Kousemaker den ersten Comic-Buchladen Europas, der inzwischen weltberühmt ist. Comic-Künstler wie Peter Pontiac und Joost Swarte haben bereits früh ihre Bücher hier verkauft. Regelmäßig finden Ausstellungen statt und alljährlich ein Comic-Tag.

153 **KOOKBOEKHANDEL**
Haarlemmerdijk 133
Haarlemmer-Viertel ①
+31 (0)20 622 47 68
www.kookboekhandel.com

Ein Pilgerort für Kochbuch-Liebhaber, 1989 von der Kochbuchautorin Jonah Freud eröffnet. Sie ist der Meinung, dass Essen historische, soziologische, psychologische sowie gesundheitliche, religiöse und pädagogische Bedeutung hat. Der Laden bietet eine breite Auswahl an Büchern aus der ganzen Welt.

154 BOEKHANDEL ROBERT PREMSELA

Van Baerlestraat 78
Museumsviertel ③
+31 (0)20 662 42 66
www.premsela.nl

Mit Blick auf den Museumsplatz kann man toll nach Kunstbüchern stöbern. In den drei Etagen stapeln sich Monografien, Ausstellungskataloge sowie Bücher über Kunst, Grafikdesign, Architektur und Fotografie. In der Schnäppchenabteilung lassen sich immer Schätze finden.

155 PHOTOQ BOOKSHOP

Wijdesteeg 3a
Altstadtzentrum ②
+31 (0)20 672 09 89
www.photoq bookshop.nl

Der Buchladen wurde 2013 von Edie Peters, dem Begründer der Fotografie-Plattform PhotoQ, eröffnet. Das 60 m² große Geschäft spezialisiert sich auf dokumentarische und journalistische Fotografie und bietet wunderschön designte Bücher, die von Fotografen publiziert wurden. Sie sind auch online bestellbar.

155 PHOTOQ BOOKSHOP

Die 5 besten
LEBENSMITTELMÄRKTE

156 **TEN KATEMARKT**
Ten Katestraat
Amsterdam-West ④
www.tenkatemarkt.nl

Den täglichen Nachbarschaftsmarkt gibt's schon seit 1912. Weil sich in der Nähe der Hipster-Hotspot De Hallen befindet, ist der Markt samstags oft brechend voll. An den Ständen werden günstig Gemüse und Obst, Käse, Fisch, Nüsse, Brot und – wie einige sagen – der beste Hummus der Stadt verkauft. Hinter dem Markt befinden sich nette Cafés, eine gute Tapasbar und preiswerte Antiquitätenläden.

157 **LANDMARKT**
Schellingwouderdijk 339
Amsterdam-Noord ⑦
+31 (0)20 490 43 33
www.landmarkt.nl

In der überdachten Markthalle werden frische Produkte aus der Region verkauft. Der Landmarkt wurde 2012 eröffnet und hat vor Kurzem einen kleinen Ableger im Viertel De Pijp eröffnet. Man sollte trotzdem den Markt in Amsterdam-Nord besuchen, weil es hier ein hübsches Café mit großer Sonnenterrasse und wunderschönem Dekor gibt. Anschließend lohnt sich ein Bummel entlang der prachtvollen alten Dammhäuser am Schellingwouderdijk.

158 DAPPERMARKT

Dapperstraat
Oosterpark-Viertel ⑤
www.dappermarkt.nl

Der Dappermarkt, einer der größten Multikulti-Märkte der Stadt, zieht viele Besucher von außerhalb an. Hier gibt es Stände mit Speisen aus Suriname, den Antillen, der Türkei und Marokko sowie die besten Fish and Chips der Stadt. Neben Essen findet man hier auch billige Kleidung, Schuhe, Haushaltswaren und Stoffe. Die Straßen rund um den Markt sind ebenfalls eine Erkundung wert.

159 LINDENMARKT

Lindengracht
Jordaan ①
www.jordaanmarkten.nl/lindenmarkt.htm

Ende des 19. Jahrhunderts wurde die Lindengracht geflutet. Seitdem findet hier ein Lebensmittelmarkt statt, der von *Stroopwafels* bis hin zu Bio-Olivenöl eine breite Auswahl von Produkten bietet, weit günstiger als auf dem Noordermarkt um die Ecke. Besonders schön für einen Samstagsspaziergang. Anschließend kann man sich in eines der belebten Cafés im Joordan setzen.

160 ZUIDERMRKT

Johannes Verhulststraat/Jacob Obrechtstraat
Museumsviertel ③
www.zuidermrkt.nl

Der kleine, von einer Genossenschaft geführte Biomarkt wurde 2011 von Einheimischen gegründet, weil immer mehr Lebensmittelläden, Metzgereien und Bäckereien in ihrem Viertel schließen mussten. Der Samstagsmarkt wird von den Genossenschaftsmitgliedern betrieben, die einen jährlichen Beitrag zahlen. Sie kaufen ihr Obst und Gemüse direkt bei regionalen Anbietern. Man bekommt aber auch Biobrot, Truthahneier, hausgemachtes Müsli und frische Pasta.

Die 5 besten Läden für
VINTAGEMODE

161 NICNIC FASHION AND VINTAGE

Gasthuismolen-
steeg 5
Negen Straatjes ①
+31 (0)20 622 85 23
*www.nikkinik
fashion.com*

Auf der Suche nach femininer und authentischer Mode? NicNic, vor mehr als 20 Jahren auf den Negen Straatjes, (den Neun Straßen) eröffnet, verkauft Vintage- und neue Mode, und auch die altmodische Einrichtung erinnert an längst vergangene romantische Zeiten. Im Angebot sind zum Beispiel bunt gemusterte Kleider, Hüte, Schmuck und Kniestrümpfe.

162 LAURA DOLS

Wolvenstraat 7
Negen Straatjes ①
+31 (0)20 624 90 66
www.lauradols.nl

Laura Dols wuchs als Hippie in Amsterdam auf und verkaufte ihre Sachen früher auf dem Waterlooplein. 1977 eröffnete sie diesen Laden im Viertel Neun Straßen. Wer auf der Suche nach einem spektakulären Partyoutfit ist, wird hier garantiert fündig: Es gibt viele festliche Roben und Kleider, stilvolle Anzüge für Männer und tolle Party-Outfits für alle Altersgruppen.

162 LAURA DOLS

163 ZIPPER

Nieuwe Hoogstraat 8
Viertel Waterlooplein ②
+31 (0)20 627 03 53
www.zipperstore.nl

Gebrauchte Levi's, Lederjacken, Hüte, Pelzmäntel, Stiefel und Taschen: Im Zipper gibt's einfach alles. Die zwei familiengeführten Geschäfte sind bis zur Decke gefüllt mit Mode, und die Preise sind kundenfreundlich. Die Besitzer haben auch ein eigenes Designerlabel – Ultra Zipper –, das recycelte Kleidung verarbeitet.

164 LENA AMSTERDAM

Westerstraat 174
Jordaan ①
+31 (0)20 789 17 81
www.lena-library.com

Eine Art Modebibliothek, die erste Amsterdams: Lena verleiht Vintage-Designermode, nachhaltige Mode sowie Kleidung von aufstrebenden Designern. Mitglieder können einmal im Monat Kleidung zum Festpreis leihen. Wer die Sachen mag, kann sie behalten, die meisten Stücke werden auch verkauft.

165 1953 RETRO & CHIC

Staalstraat 2
Viertel Waterlooplein ②
+31 (0)6 249 33 582

Einer der kleinsten, aber besten Vintage-Läden der Stadt. Die Kleidungsstücke werden von den zwei Inhabern sorgfältig ausgewählt und liebevoll präsentiert. Samthüte, Spitzenblusen, Perlenketten, High-Waist-Kleider und Designertaschen sind nur einige der Schätze im Angebot. Es gibt auch eine schöne Kollektion von Lederschuhen für Herren.

Die 5 besten Läden für

NIEDERLÄNDISCHES DESIGN

166 **&KLEVERING**
Haarlemmerstraat 8
Haarlemmer-Viertel
①
+31 (0)20 422 27 08
www.klevering.nl

&klevering wurde 1992 in Amsterdam gegründet, um »den Alltag zu Hause zu verschönern«. Das Geschäft bietet klassische, kreative Delfter-Blau-Waren sowie geometrische Designs und lebhafte, von der Natur inspirierte Drucke. Die Inhaber kooperieren mit niederländischen Designern und designen auch für das Van-Gogh-Museum und das Rijksmuseum.

167 **MOOOI**
Westerstraat 187
Jordaan ①
+31 (0)20 528 77 60
www.moooi.com

Ein Showroom voller aufregender und außergewöhlicher Designs von Marcel Wanders. Neben seinen eigenen Werken werden in dem 850 m² großen Warenhaus auch Stücke von niederländischen und internationalen Künstlern verkauft.

168 **DROOG**
Staalstraat 7-B
Viertel Waterlooplein ②
+31 (0)20 523 50 50
www.droog.com

Das Designstudio besitzt in der Staalstraat ein eigenes kleines Ladenparadies. Die Boutique gehört zu einem Geschäftskomplex mit Hotel, Galerie, Bibliothek und Spa. Es gibt auch ein Café und eine Teestube mit Blick auf einen schönen Innenhofgarten. Droog ist bekannt für Alltagsobjekte mit originellen Details.

169 STORE WITHOUT A HOME

Haarlemmerdijk 26
Haarlemmer-Viertel
①
www.storewithout ahome.nl

Das Geschäft startete 2010 als Pop-up-Store, der eine Weile durch die Stadt zog, um schließlich am Haarlemmerdijk ein dauerhaftes Zuhause zu finden. Die Inhaber verkaufen preiswerte, skurrile Designobjekte wie Papier-Tierköpfe und Knitterkeramik von – meist unbekannten – niederländischen und internationalen Marken, unabhängigen Labels und talentierten Designern.

170 THE FROZEN FOUNTAIN

Prinsengracht 645
Südlicher Grachtengürtel ③
+31 (0)20 622 93 75
www.frozenfountain.nl

Der Laden kombiniert berühmte Designklassiker von Eames, Piet Hein Eek, Hella Jongerius und Marcel Wanders mit preiswerteren Kleinobjekten. Junge Designer nutzen ihn als Plattform, um hier ihre Werke zu präsentieren, was die zwei benachbarten Boutiquen an der Prinsengracht toll zum Stöbern macht.

169 STORE WITHOUT A HOME

Die 5 besten Boutiquen für
DESIGNERMODE

171 **SALON HELEEN HÜLSMANN**
Willemsparkweg 166
Museumsviertel
De Pijp ③
+31 (0)20 238 69 65
www.salonheleenhulsmann.nl

Echte Fashionistas wissen, wo man einkauft: bei Heleen Hülsmann. Sie verkauft in ihrem geschmackvoll eingerichteten Salon handverlesene Secondhand-Designermode. Darunter sind Stücke aus aktuellen Kollektionen von Prada, Givenchy, Dries van Noten, Isabel Marant, Lanvin, Ann Demeulemeester, Stella McCartney, Marni, Céline und Acne, um nur einige Labels zu nennen. Man kann das Geschäft nach Voranmeldung besuchen oder im Onlineshop stöbern.

172 **ALMOST NOT DONE**
Beulingstraat 21h
Altstadtzentrum ②
www.instagram.com/almostnotdone

Der Laden veranstaltet regelmäßig Events und Ausstellungen und bietet jungen Designern eine Plattform. Almost Not Done verkauft Interiordesign, Kunst und Mode: eine Mischung aus gebraucht und neu, von High-Fashion-Designern wie Dries van Noten und Raf Simons bis hin zu Streetwear-Marken. Der junge Inhaber Jeff Hoogendijk verkauft nur Sachen, die ihm selbst gefallen.

173 PRJCT AMS

Gasthuismolensteeg 18
Negen Straatjes ①
+31 (0)20 330 73 11
www.prjctams.nl

PRJCT AMS verkauft angesagte Herrenmode mit jungem, urbanem Twist, z.B. Wildledermützen, robuste Stiefel und Jeans, schicke Lederjacken und Sonnenbrillen von Palo Wood. Die Boutique führt ihr eigenes Label sowie Brands wie Won Hundred und Vive l'Homme. Auf Wunsch kann man sich auch einen Anzug maßschneidern lassen.

174 LES DEUX FRÈRES

Rozengracht 58
Negen Straatjes ①
+31 (0)20 846 46 13
www.lesdeuxfreres.nl

Die Boutique wird von zwei Brüdern geführt und bietet alle Modebasics, die der moderne Mann in seinem Kleiderschrank haben sollte: elegante Outfits fürs Büro und lässige fürs Wochenende, darunter schmal geschnittene Anzüge, Manschettenknöpfe und Fliegen sowie Sportschuhe, Lederjacken und karierte Flanellhemden.

175 ENNU

Cornelis Schuytstraat 15
Amsterdam-Zuid ⑥
+31 (0)20 673 52 65
www.ennu.nl

Die hochelegante Boutique liegt in einer der schicksten Einkaufsstraßen Amsterdams. Sie wurde 2002 eröffnet und verkauft Herren- und Damenmode von berühmten Fashionlabels wie Isabel Marant, Maison Martin Margiela, Ann Demeulemeester, Balenciaga und Balmain.

Die 5
UNGEWÖHNLICHSTEN LÄDEN

176 **DE PINDAKAAS-WINKEL**
Czaar Peterstraat 169
Oostelijke Eilanden ②
www.depindakaas winkel.nl

Die Niederländer haben ein besonderes Verhältnis zu *pindakaas* (Erdnussbutter). Manche nehmen ihre Lieblingsmarke sogar mit in den Urlaub. Gab es früher nur zwei Sorten, so kann man hier heute zehn verschiedene Geschmacksrichtungen kaufen: von Karamell-Meersalz bis hin zu Zwiebel-Knoblauch ist alles dabei.

177 **STOFFEN & SLOFFEN**
Burgemeester Tellegenstraat 41
De Pijp ③
+31 (0)6 216 86 942
www.stoffenensloffen.nl

Eine wahre Farbexplosion, die Besuchern ein Lächeln auf die Lippen zaubert: Stoffen & Sloffen (Stoffe & Hausschuhe) hat die größte Auswahl an Stoffen aus den 1970er-Jahren, bunte Hausschuhe sowie gebrauchtes Interiordesign. Vor dem Besuch nach den Öffnungszeiten fragen.

178 **HET OUD-HOLLANDSCH SNOEPWINKELTJE**
Tweede Egelantierdwarsstraat 2
Jordaan ①
+31 (0)20 420 73 90
www.snoepwinkeltje.com

Mariska Schaefer wuchs in der Konditorei ihrer Großmutter auf. 2002 eröffnete sie im Jordaan ihren eigenen, altmodischen Süßwarenladen. Vom Tresen aus verkauft sie *zoethout* (Lakritze), *stroopsoldaatjes* (Siruplutscher aus karamellisiertem Zucker) und viele weitere Leckereien.

179 TERRA INCOGNITA

Van Baerlestraat 77
Museumsviertel ③
+31 (0)20 673 83 93
www.terra incognitas.com

Einige der Fossilien, Meteoriten, Dinosaurier- oder Haifischzähne und seltenen Steine aus dem Terra Incognita haben es bis in die Sammlungen von naturhistorischen Museen geschafft. Der winzige Laden liegt in der Nähe der Konzerthalle und des Museumsviertels und verkauft kleine Schätze, die teilweise Millionen Jahre alt sind. Die Preise variieren von zwei bis zu mehreren Hundert Euro.

180 DE CONDOMERIE

Warmoesstraat 141
Altstadtzentrum ②
+31 (0)20 627 41 74
www.condomerie.com

Im ersten Kondomladen der Welt erhält man die Antwort auf alle Fragen, die Kondome betreffen. De Condomerie ist seit 1987 erfolgreich auf dem Markt und bietet eine große Auswahl von Kondomen, angefangen von einfachen Durex- bis hin zu veganen und Fair-Trade-Präservativen. Es gibt sogar handbemalte Exemplare – eine großartige Geschenkidee.

179 TERRA INCOGNITA

Die 5 besten
SCHUHLÄDEN

181 **UNITED NUDE**
Molsteeg 10
Altstadtzentrum ②
+31 (0)20 626 00 10
www.unitednude.com

Die Schuhmarke United Nude eröffnete 2009 einen Flagshipstore im Herzen Amsterdams. Das Geschäft wurde von dem Architekten und Mitbegründer des Labels, Rem D. Koolhaas (einem Neffen des berühmten Rem Koolhaas), designt. Die Schuhe stehen vor einer Wand, an der unzählige LED-Lampen blinken. Die Modelle Mobius Mid und Eamz Bliss, die durch ihre ungewöhnlichen Absätze auffallen, haben sich zu Designklassikern entwickelt.

182 **FRED DE LA BRETONIÈRE**
Utrechtsestraat 77
Südlicher Grachtengürtel ③
+31 (0)20 626 96 27
www.freddelabretoniere.com

Fred de la Bretonière verkauft »Schuhe und Taschen, die glücklich machen«. Er lebt seit den frühen 1970er-Jahren in Amsterdam und hat sich seitdem weltweit einen Namen als Schuhdesigner gemacht. Fred verwendet geschmeidiges, aber robustes Bioleder für sein nach ihm benanntes Label sowie für seine Marken Shabbies Amsterdam und Fretons. Die Schuhe sind lässig und bequem, sehen aber dennoch elegant aus.

184 HESTER VAN EEGHEN

183 TERRA

Reestraat 21
Negen Straatjes ①
+31 (0)20 638 59 13
www.terra amsterdam.com

Dem hübsch dekorierten Schaufenster nach zu urteilen, könnte das Terra auch ein spanischer Keramikladen sein. Aber wer genau hinsieht, entdeckt zwischen den bunten Schalen und Krügen wunderschöne, handgemachte Schuhe. Der Inhaber reist mehrmals jährlich nach Spanien und kehrt mit traditionellen, in Handarbeit gefertigten Schuhen in klassischen Designs zurück. Zur Auswahl stehen u. a. Brogues, Desert Boots, robuste Cowboystiefel und Espadrilles.

184 HESTER VAN EEGHEN

Hartenstraat 1
Negen Straatjes ①
+31 (0)20 626 92 11
www.hester vaneeghen.com

Hester van Eeghen studierte Literatur und Recht, aber ihre wahre Leidenschaft gilt dem Leder. Sie verkaufte ihre handgefertigten Taschen zunächst auf der Straße, bis sie sich ihre erste Boutique auf der Hartenstraat leisten konnte. Ihre Designs sind in Museen und Designerläden auf der ganzen Welt zu finden. Die Schuhe sind elegant, bunt und einmalig!

185 BETSY PALMER

Rokin 15
Altstadtzentrum ②
+31 (0)20 422 10 40
www.betsypalmer.com

Betsy Palmer eröffnete ihren ersten Laden 1996 in einer abgeschiedenen Ecke des Rokin. Nach einer Renovierung hat er nun in größerer und eleganterer Aufmachung wiedereröffnet. Betsy verkauft unter anderem Mary Janes, schicke Pumps und Brogues ihres eigenen Labels BPR sowie von Marken wie Unisa, Pantanetti und Chie Mihara. Die Kollektion wechselt alle acht Wochen.

Die 5 besten

JEANSLÄDEN

186 **DENHAM STORE 495**
Hobbemastraat 8
Museumsviertel ③
+31 (0)20 681 35 24
www.denhamthejeanmaker.com

Der Denham Store ist Museum und Geschäft in einem. Die Jeans werden in Glasvitrinen präsentiert und sind mit Hinweistafeln versehen, die über die verschiedenen Phasen der Herstellung informieren. Außerdem werden Jeans anhand von Videos und Fotos vorgestellt. Denham betrachtet jede Jeans als Kunstwerk. In der »Blue Salad Bar« können sich Kunden ihre Hosen individuell anpassen lassen.

187 **TENUE DE NÎMES**
Haarlemmerstraat 92-94
Haarlemmer-Viertel ①
+31 (0)20 331 27 78
www.tenuedenimes.com

Die Boutique ist nach der französischen Stadt Nîmes benannt, die als Geburtsort der Jeans gilt. In ihrem Store kombinieren die Inhaber René und Menno die Robustheit von Jeans mit der Eleganz von Seide. Zu den angebotenen Marken zählen die üblichen Verdächtigen wie Lee und Levi's, aber auch schwedische (Denim Demon) und japanische (Momotaro Jeans) Namen. Außerdem gibt es eine tolle Kollektion limitierter Sondereditionen.

188 G-STAR RAW

P.C. Hooftstraat 24-28
Museumsviertel ③
+31 (0)20 471 11 17
www.g-star.com

G-Star Raw zufolge liebt jeder Jeans, aber jeder trägt sie anders. Deshalb sind die Mitarbeiter des riesigen Eckladens an der schicken P.C. Hooftstraat gern bereit, ihren Kunden bei der Suche nach dem richtigen Schnitt zu helfen, dabei Getränke anzubieten und zwischen den Anproben ausführlich zu beraten. Es gibt auch eine nachhaltige Kollektion mit Jeans aus Biobaumwolle.

189 NUDIE JEANS

Hartenstraat 2
Negen Straatjes ①
+31 (0)20 737 16 27
www.nudiejeans.com

Die Jeans der schwedische Marke Nudie bestehen aus Biobaumwolle und sind extrem langlebig. Der Flagshipstore im Viertel der Neun Straßen bietet kostenlose Reparaturen für Jeans von Nudie an – weil wir alle wissen, dass man ein gutes Paar Jeans für immer behalten will. Die Boutique verkauft auch Secondhand-Jeans und gibt Rabatt auf ein neues Paar Hosen, wenn man eine alte Jeans im Laden abgibt.

190 APPEL67 SHOP

Tweede Jacob van Campenstraat 1
De Pijp ③
+31 (0)20 676 14 54
www.appel67.com

Alain Appelboom und Juul Evers leben und atmen Mode. Alain hat sein eigenes Modelabel und Geschäft im Viertel De Pijp, wo seine Frau Juul als Stylistin arbeitet. Sie ist auch die Designerin der Schmuckmarke Juulry. In ihrem Geschäft bieten sie außerdem Jeans von Nudie, Drykorn und Kings of Indigo an.

Die 5 besten

UNABHÄNGIGEN PLATTENLÄDEN

191 **CONCERTO**
Utrechtsestraat 52-60
Südlicher Grachtengürtel ③
+31 (0)20 261 26 10
www.concerto.nl

Concerto ist zwar nicht das beste, aber dafür das größte CD-Geschäft Amsterdams. In fünf Gebäuden wird das Beste aus Pop, Klassik, Jazz, Dance und der Weltmusik geboten, der Service ist kompetent und freundlich. Es gibt eine Café-Ecke mit leckeren Sandwiches. Im Store finden regelmäßig Konzerte statt.

192 **BACKBEAT RECORDS**
Egelantiersstraat 19
Jordaan ①
+31 (0)20 627 16 57
www.backbeat.nl

Ein kleines Juwel, das aber schwer zu finden ist. Das Geschäft im Jordaan verkauft seit 1988 Funk, Jazz und Blues auf Vinyl und CD, neu und gebraucht. Der kleine Laden ist gut ausgestattet, und die freundlichen Besitzer unterhalten sich gern über Musik.

193 **RUSH HOUR**
Spuistraat 116
Altstadtzentrum ②
+31 (0)20 427 45 05
www.rushhour.nl

Ein Musikladen und Plattenlabel, das sich auf Dance- und Elektromusik spezialisiert hat und sehr beliebt ist bei DJs. Die Inhaber sind Experten für House, haben aber auch eine gute Sammlung von Disco-, Funk- und Jazzmusik auf Lager. Das Rush Hour wurde 1996 als kleiner Versandhandel gegründet.

194 CHARLES MUZIEK

Weteringschans 193
Südlicher Grachtengürtel ③
+31 (0)20 626 55 38

Das Schaufenster wirkt altmodisch, aber drinnen eröffnet sich ein wahres Paradies an klassischer Musik mit Tonnen von CDs in Kisten und Regalen. Inhaberin Anna Wassenaar hat den Laden 1991 von Begründer Fred Charles übernommen und hält von mittelalterlicher bis zu moderner klassischer Musik alle nur denkbaren Genres bereit. Sie verkauft sogar Ethno-Musik (wer das Wort »Weltmusik« benutzt, wird ausgeschimpft).

195 DISTORTION RECORDS

Westerstraat 244
Jordaan ①
+31 (0)20 627 00 04
www.distortion.nl

Noch ein kleines Plattengeschäft im Jordaan. Dieses hier spezialisiert sich auf alternative Musik und ist bis zur Decke vollgestellt mit (Punk-)Rock-, Indie-, Jazz-, Funk-, Drum&Bass-, Elektro- und Reggaemusik – meist auf Vinyl, aber es gibt auch CDs. Amond Spee bezeichnet seinen Laden als »echten Underground-Shop«.

191 CONCERTO

Die 5 besten Orte für den
FAHRRADVERLEIH

196 **FIETSVERHUUR HET AMSTERDAMSE BOS**
Bosbaanweg 1
Amstelveen (Vorort)
+31 (0)20 644 54 73
www.amsterdamsebos fietsverhuur.nl

Im Südwesten der Stadt erstreckt sich eine 3,8 km² große Grünfläche mit Radwegen von 51 km Länge. Der Fahrradverleih ist gut, um mit der Erkundung dieser Gegend zu beginnen. Man kann kostenlos parken und auf der Terrasse des Cafés De Boshalte etwas trinken.

197 **HET ZWARTE FIETSENPLAN**
Lijnbaansgracht 282
Südlicher Grachtengürtel ③
+31 (0)20 670 85 31
www.hetzwartefietsen plan.nl

Het Zwarte Fietsenplan hat mehrere Fahrradläden in der Stadt. Die Filialen in der Lijnbaansgracht und am Nieuwezijds Voorburgwal 146 verleihen ebenfalls Räder. Alle Geschäfte haben sieben Tage die Woche geöffnet.

198 **FIETSREPARATIE-FIETSENVERHUUR AMSTERDAM**
Buiksloterweg 5c
Amsterdam-Noord ⑦
+31 (0)6 139 98 675
www.fietsreparatie amsterdam.nl

Man nimmt die Fähre hinter dem Hauptbahnhof und ist in wenigen Minuten in Amsterdam-Nord. Der Bezirk ist groß, bietet aber kaum Verkehrsanbindungen. Am besten lässt sich die Gegend also mit dem Fahrrad erkunden. Sehenswerte Ziele sind der Nieuwendammerdijk und das Naturschutzgebiet 't Twiske.

199 BIKE CITY

Bloemgracht 68-70
Jordaan ①
+31 (0)20 626 37 21
www.bikecity.nl

Wer kein Leihfahrrad will, das »Hallo, ich bin ein Tourist« schreit, geht am besten zu Bike City im Jordaan. Der Shop befindet sich im Untergeschoss eines alten Hauses an der Bloemgracht, einer der schönsten Grachten Amsterdams, und vermietet unauffällige Hollandräder. Im Winter variieren die Öffnungszeiten.

200 STARBIKES RENTAL

De Ruyterkade 143
Oostelijke Eilanden ②
+31 (0)20 620 32 15
www.starbikes rental.com

StarBikes Rental verleiht sogenannte »Omafahrräder«, minimalistische Räder mit Rücktrittbremse. Im Angebot sind auch Tandemfahrräder, Kinderbikes und Räder für Menschen mit körperlicher Behinderung. Wer warten muss, kann hier auch Snacks und Getränke genießen.

196 FIETSVERHUUR HET AMSTERDAMSE BOS

Die 5 besten

BLUMENLÄDEN

201 **POMPON**
Prinsengracht 8-10
Jordaan ①
+31 (0)20 622 51 37
www.pompon.nl

Die Blumen werden hier nicht in Zellophan gewickelt, sondern liebevoll mit Reispapier umhüllt. Täglich kommen neue Blumen ins Haus, die vor Ort nach Kundenwunsch zu Sträußen gebunden werden. Die Mitarbeiter binden opulente Sträuße, aber auch moderne Bouquets nach dem Motto weniger ist mehr.

202 **AMSTERDAMFLORA**
Eerste Constantijn Huygensstraat 57
Amsterdam-West ④
+31 (0)20 612 78 95
www.amsterdamflora.nl

Das traditionelle Geschäft gibt es schon seit über 20 Jahren. Die vielen bunten Blumen vor dem großen Eckladen verschönern die ganze Straße. Die Mitarbeiter binden Sträuße für jede Gelegenheit, liefern aber auch Obstkörbe und Wein.

203 **MC BLOOM**
Beethovenstraat 13
Amsterdam-Zuid ⑥
+31 (0)20 662 97 80
www.mcbloom.nl

MC – Marc und Cora Koningen – betreiben einen wunderschönen Blumenladen. Die kleinen Kunstwerke im Schaufenster locken Kunden ins Geschäft, in dem man sich zwischen den duftenden Arrangements leicht verlieren kann. Der Laden ist auf Schnittblumen spezialisiert, verkauft aber auch Pflanzen und Heimaccessoires.

204 GERDA'S BLOEMEN EN PLANTEN

Runstraat 16
Negen Straatjes ①
+31 (0)20 624 29 12

Ein einfacher Tulpenstrauß in der Vase? Man kann doch so viel mehr mit Blumen machen! Bei Gerda's lautet das Motto »je größer und üppiger, desto besser«. Wer auffallende Blumenarrangements sucht, ist hier richtig. Die Sträuße im Verkaufsraum sind eine wahre Augenweide.

205 SHOP HORTUS BOTANICUS

Van der Boechorststraat 8
Amsterdam-Zuid ⑥
+31 (0)20 598 93 90
www.vriendenvuhortus.nl

Amsterdams zweiter Botanischer Garten wurde 1967 gegründet. Er ist einen Hektar groß und beherbergt rund 10 000 Pflanzen, darunter eine interessante Bonsaisammlung. Der dazugehörige Blumenladen verkauft Blumensträuße, Saatgut sowie Bücher zum Thema Garten- und Landschaftsdesign. Außerdem gibt's hausgemachte Marmeladen, Honig und Chutneys. Garten und Geschäft haben nur wochentags geöffnet.

204 GERDA'S BLOEMEN EN PLANTEN

Die 5 besten
EINKAUFSSTRASSEN

206 CORNELIS SCHUYTSTRAAT
Amsterdam-Zuid ⑥

Die P. C. Hooftstraat gilt als schickste Einkaufsstraße Amsterdams, aber die Cornelis Schuytstraat ist viel schöner. Sie wird nicht dominiert von großen Ladenketten, teuren Autos und Touristen, die mit ihren Kreditkarten wedeln, sondern hat sich das Erscheinungsbild und Flair einer ganz normalen Kiezstraße bewahrt. Neben Bäckereien und einem Lebensmittelladen befinden sich hier auch viele schicke Luxusboutiquen.

207 JAVASTRAAT
Indische Buurt ⑤

Indische Buurt war früher eines der unkultiviertesten Viertel Amsterdams, aber das hat sich in den letzten Jahren geändert: Jetzt leben viele junge, kreative Leute in dem immer noch erschwinglichen Teil der Stadt. Die Javastraat, das quirlige Zentrum des Multikulti-Viertels, bietet eine gute Kombination aus türkischen und marokkanischen Lebensmittelläden, Coffeeshops und Burgerbars. Hoffen wir, dass es so bleibt.

208 UTRECHTSESTRAAT

Südlicher Grachtengürtel ③

Auf der Utrechtsestraat ist immer viel los, sie bietet eine gute Mischung aus Cafés und Geschäften. Es gibt auch einige gute Fachgeschäfte, z. B. den Musikstore Concerto und das Studio Bazar für Küchenzubehör sowie einige der besten Traditionspubs der Stadt. Seit Kurzem gibt es hier auch viele neue Designerläden, und die Mischung von Alt und Neu verleiht der Gegend aufregendes Flair.

209 CZAAR PETERSTRAAT

Oostelijke Eilanden ②

Die Einheimischen waren erstaunt, als die Czaar Peterstraat 2015 zur besten Einkaufsstraße ernannt wurde. War das nicht eigentlich eine dunkle und trostlose Straße? Das hat sich geändert: Heute gibt es hier eine Fülle großartiger Fachgeschäfte, z. B. für Erdnussbutter, Käse, Wurst und Öl – um nur einiges zu nennen. Außerdem ein paar tolle vegetarische und vegane Restaurants sowie die beste »Wunderkammer« Amsterdams: das Schelpenmuseum.

210 GERARD DOUSTRAAT

De Pijp ③

Hier gibt es viele neue Läden, viele mit Frauennamen, z. B. Anna + Nina (Conceptstore) oder Charlie + Mary (Mode). Je näher man der Ferdinand Bol kommt, umso rustikaler werden die Geschäfte: ein spanischer Feinkostladen, ein Käseshop und Duikelman, der größte Laden für Küchenzubehör. Nach dem Bummel kann man sich auf einer der Terrassen am Gerard Douplein ausruhen.

Die 5 besten

SECONDHAND-MÄRKTE

211 **NOORDERMARKT**
MONTAG 9–13 UHR
Noordermarkt
Jordaan ①
www.noordermarkt-amsterdam.nl

Ein lebhafter, quirliger Markt mit Ständen, die meist Secondhand-Mode, Hüte, Schuhe, Taschen und jede Menge Antiquitäten anbieten. Die Preise sind nicht billig, aber wer freundlich handelt, kann trotzdem gute Schnäppchen machen. Der Markt findet nur montagmorgens statt. Wer großen Trubel umgehen will, kommt am besten gleich um 9 Uhr her.

212 **BUCHMARKT AM SPUI**
FREITAG 10–18 UHR
Spui
Altstadtzentrum ②
www.deboekenmarktophetspui.nl

Jeden Freitag kommen 25 Buchhändler zum Spui, um ihre Waren zu verkaufen. Es gibt viele gebrauchte und alte Bücher, Erstausgaben und Raritäten sowie alte Drucke, Poster, Pamphlete, Karten und Zeitschriften. Die Chancen, hier etwas Besonderes zu finden, sind sehr groß.

213 **MÄRKTE AM KÖNIGSTAG**
27. APRIL

Jedes Jahr am Königstag verwandelt sich Amsterdam in einen Freiluftmarkt. Die Leute plündern ihre Dachböden und Keller, um ihre alten Sachen auf der Straße zu verkaufen. Schnäppchenjäger und Schatzsucher sollten dafür das wohlhabende alte Südviertel ansteuern.

214 **WATERLOOPLEIN**
MONTAG BIS SAMSTAG
Waterlooplein
Viertel Waterlooplein
②

Der Waterlooplein war früher ein Tagesmarkt im Herzen des jüdischen Viertels. Er wurde im Zweiten Weltkrieg geschlossen, aber später als Flohmarkt wiedereröffnet. In den 1960er- und 1970er-Jahren war der Markt weltberühmt. Er hat immer noch ein gewisses Hippieflair, und man kann hier Vintage-Kleidung, Antiquitäten und alte Platten kaufen.

215 **IJ-HALLEN**
T.T. Neveritaweg 15
Amsterdam-Noord ⑦
+31 (0)22 958 15 98
www.ijhallen.nl

Mit 750 Ständen der größte Flohmarkt Amsterdams. Er findet jeweils an einem Wochenende im Monat auf einer alten Schiffswerft statt. Im Sommer stehen auch draußen Stände. Professionelle Händler, aber auch Privatpersonen, die ihre Dachböden geplündert haben, verkaufen hier ihre gebrauchten Sachen. Der Eintritt kostet 5 Euro.

212 BUCHMARKT AM SPUI

Die 5 besten Läden für
INTERIORDESIGN

216 **NEEF LOUIS DESIGN**
Papaverstraat 46
Amsterdam-Noord ⑦
+31 (0)20 486 93 54
www.neeflouis.nl

Neef Louis (Cousin Louis) ist das beste Ziel für Liebhaber von Vintage- und Industriedesign, da es hier alles gibt, was man auf dem Flohmarkt zu finden erhofft: von Rietveld- und Rob-Parry-Stühlen bis hin zu Schränken im Industriestil oder Operationsleuchten.

217 **FEST AMSTERDAM**
Van Woustraat 111
De Pijp ③
+31 (0)20 261 51 60
www.fest.amsterdam.nl

Preiswerte holländische Designermöbel mit skandinavischem Einfluss. FEST Amsterdam wurde 2013 von Femke Furnée gegründet, die verschiedene Designer einlädt, etwas für die Marke FEST zu gestalten. Im Angebot sind stabile, aber weiche Lounge-Sofas, viele bunte Kissen sowie elegante Stühle und Vasen.

218 **AARDE WERELDS WONEN**
Westerstraat 10
Jordaan ①
+31 (0)20 423 32 10
www.aardewerelds wonen.nl

Aarde Werelds Wonen hält an seinem Kernbusiness fest: antike, zeitlose Möbel aus zentralasiatischen Ländern. Der Laden bietet wunderschöne, handgefertigte Wollteppiche, bunte Stoffe, stabile Holztruhen und Schränke sowie Keramik und Schmuck. Alle Produkte stammen aus fairem Handel.

219 HUTSPOT

Van Woustraat 4
De Pijp ③
+31 (0)20 223 13 31
www.hutspot amsterdam.com

Hutspot ist Boutique, Galerie, Arbeitsraum und Café in einem. Die drei jungen Inhaber haben eine Plattform für neue Talente geschaffen und sind immer auf der Suche nach interessanten Designern und Künstlern, die ihre Produkte im Laden ausstellen. Neben dem erfolgreichen Geschäft in der Van Woustraat gibt es noch eine Filiale an der Rozengracht.

220 MOBILIA

Utrechtsestraat 62-64
Südlicher Grachtengürtel ③
+31 (0)20 622 90 75
www.mobilia.nl

Viele Studenten, die in kleinen Zimmern voller Flohmarktmöbel wohnen, träumen davon, einmal im Mobilia einzukaufen. Es erstreckt sich über drei Etagen und verkauft superschicke Designermöbel sowie preiswertere Objekte. Die Liste der angebotenen Marken ist endlos. Auch wer nichts kaufen will, wird hier Spaß beim Stöbern haben.

219 HUTSPOT

5 Adressen für
GANZ BESONDEREN KAFFEE

221 **JOSÉ MOLLURA AMSTERDAM**
Amstelveenseweg 274
Amsterdam-Zuid ⑥
+31 (0)6 241 09 295
www.jose-mollura.com

José Mollura soll nicht nur den besten Kaffee der Stadt haben, er hat tatsächlich den besten. Punkt. Der Argentinier José hat seine Vorliebe für die dunklen Bohnen in Amsterdam entdeckt, wo er zum preisgekrönten Kaffeeröster aufgestiegen ist. Er serviert nicht nur großartigen Kaffee, sondern designt und verkauft auch Ledertaschen, ein Handwerk, das er in Indien erlernt hat.

222 **CUT THROAT BARBER & COFFEE**
Beursplein 5
Altstadtzentrum ②
+31 (0)6 253 43 769
www.cutthroat barber.nl

Cut Throat ist eine Mischung aus altmodischem Barbierladen und Barista-Café in der Nähe des Dam-Platzes. Obwohl die Mitarbeiter viel Wind um das Trimmen von Bärten sowie die richtigen Bartöle und -pomaden machen, sind sie bei der Kaffeezubereitung nicht ganz so penibel. Es gibt eine einfache Karte mit Kaffeespezialitäten auf Espressobasis, die aus Bohnen von einer lokalen Amsterdamer Rösterei zubereitet werden. Keine Reservierung erforderlich, einfach reinkommen!

223 **COTTONCAKE**

Eerste van der Helststraat 76
De Pijp ③
+31 (0)20 789 58 38
www.cottoncake.nl

Cottoncake ist so makellos sauber, dass man fast Angst hat, einen Krümel des hausgemachten Walnuss-Bananenbrots fallen zu lassen. Das Essen und die Getränke in dem großartigen Café bestehen aus regionalen Bioprodukten und sind meist vegetarisch und glutenfrei. Neben Essen verkauft das Café auch regionale Kunst, Mode des hauseigenen Fashionlabels und Kleidung von skandinavischen, niederländischen und spanischen Marken.

224 **CLOUD GALLERY AMSTERDAM**

Prinsengracht 276
Jordaan ①
+31 (0)20 358 35 74
www.cloudamsterdam.com

Eine Kunstgalerie, in der man nicht angestarrt wird und keine bedeutungsschweren Kommentare zu Kunstwerken abgeben muss, die man nicht versteht. In der Cloud Gallery Amsterdam kann man einfach nur gemütlich sitzen und Kaffee trinken. Fast ebenso durchdacht wie die Kunst an den Wänden sind der Single Estate Kaffee und die sorgsam von einem preisgekrönten Sommelier ausgewählten Teesorten.

225 **SIGN LANGUAGE COFFEE BAR**

Amsteldijk 52
De Pijp ③
+31 (0)20 675 28 31
www.signlanguagecoffeebar.nl

Die Baristas dieser Kaffeebar sind taub. Café Latte und Croissants können nur in Zeichensprache bestellt werden. In der Wartezeit kann man (lautlose) Videos anschauen. Die Bar gehört zum Sozialunternehmen C the City, das nachts in pechschwarzer Dunkelheit Führungen mit blinden Guides veranstaltet.

226 EYE FILMMUSEUM

40 PRACHTVOLLE BAUWERKE

Die 5 markantesten
MODERNEN BAUTEN

226 **EYE**
IJpromenade 1
Amsterdam-Noord ⑦
+31 (0)20 589 14 00
www.eyefilm.nl

Amsterdam ist nicht primär für seine schicke moderne Architektur bekannt, aber das hat sich 2012 mit der Eröffnung des neuen Filmmuseums am Nordufer des IJ geändert. Das markante weiße, verwinkelte Gebäude von Delugan Meissl Architects soll den Übergang von Realität zu kinematografischer Fiktion darstellen. Man kann den atemberaubende Ausblick von der Terrasse genießen, einen Film anschauen oder eine der Ausstellungen besuchen.

227 **JUSTIZPALAST**
IJdok 20
Westelijke Eilanden ①

Ein weiteres markantes Bauwerk am Ufer des IJ. Im Jahr 2013 zog hier der Gerichtshof ein. Die Büros und Gerichtsräume sind durch einen *Skyway* miteinander verbunden. Das Gebäude, das von den Architekten Claus und Kaan entworfen wurde, erinnert an einen riesigen, aus dem Wasser ragenden Eisberg. Der Innenhof ist sehr intim und vermittelt durch die grüne Verglasung das Gefühl, sich mitten im Eis zu befinden.

228 OBA

Oosterdokskade 143
Oostelijke Eilanden ②
+31 (0)20 523 09 00
www.oba.nl

Die neue Zentralbibliothek ist ein siebenstöckiger Tempel für Leseratten. Der Architekt Jo Coenen hat das Bauwerk aus Natursteinen, Glas und Holz designt; die Materialien ragen teilweise aus dem Gebäude heraus. Drinnen erstreckt sich eine riesige helle Fläche (28 000 m²), unterteilt in unterschiedlich geformte Räume. Ein wundervoller Ort zum Lesen. Oben lädt ein Restaurant mit Terrasse und tollem Blick auf die Stadt ein.

229 STEDELIJK MUSEUM

Museumplein 10
Museumsviertel ③
+31 (0)20 573 29 11
www.stedelijk.nl

In Amsterdam, das berühmt ist für seine Architektur aus dem 17. und 18. Jahrhundert, werden moderne Gebäude oft kritisiert. Als dieses weiße Bauwerk, eine Erweiterung des Stedelijk-Museums, 2004 den Designwettbewerb gewann, erhielt es den spöttischen Spitznamen »Badewanne«. Die »New York Times« bezeichnete das Gebäude 2012 als »lächerliche Installation«. Am besten macht man sich selbst ein Bild.

230 THE ROCK

Claude Debussylaan 80
Amsterdam-Zuid ⑥

Ein niederländisches Sprichwort heißt übersetzt etwa »Je höher der Baum, umso härter der Fall«. Das trifft auch auf die Finanzmeile Zuidas zu, wo führende Banken und Anwaltskanzleien in Hochhäusern residieren. The Rock, entworfen von Erick van Egeraat, ist ein markanter Bau mit einer unregelmäßigen, felsartigen Verschalung am oberen Ende. Man hasst es oder man liebt es.

5
TÜRME
zum Besteigen

231 **KALVERTOREN**
Singel 457
Südlicher Grachtengürtel ③
www.kalvertoren.nl

Das Einkaufszentrum auf der belebten Kalverstraat, nahe dem Muntplein, beherbergt viele Geschäfte bekannter Ketten. Aber kaum jemand weiß, dass man den Turm besteigen kann. Dort bietet das Café-Restaurant Blue einen Rundumblick.

232 **FLETCHER HOTEL SKY LOUNGE**
Schepenbergweg 50
Süd-Ost (Vorort)
+31 (0)20 311 36 70
www.fletcherhotelamsterdam.nl

Eine Lounge der Superlative im 17. Stock des blauen Fletcher Towers. Sie bietet den höchsten Ausblick in ganz Amsterdam, hat ein walförmiges Piano und einen riesigen Kronleuchter. Man kann einen Cocktail trinken oder Sushi essen. Einziges Minus: Es liegt in einem unattraktiven Büroviertel im Südosten der Stadt.

233 **WESTERTOREN**
Prinsengracht 281
Jordaan ①
+31 (0)20 689 25 65
www.westertorenamsterdam.nl

Mit seinem rot-blauen Dach ist der Westertoren einer der markantesten Türme der Stadt. In ihrem Tagebuch schrieb Anne Frank, dass sie ihn von ihrem Zimmer aus sehen konnte, und es gibt viele Lieder, die das Gebäude besingen. Von April bis Oktober finden täglich Führungen statt. Der Westertoren ist mit 85 Metern der höchste Turm Amsterdams.

234 **RANSDORPER TOREN**
Durgerdammerdijk 63
Amsterdam-Noord (Ransdorp) ⑦
+31 (0)20 490 46 05

Ransdorp ist ein mittelalterliches Dorf, das bei Seefahrern sehr beliebt war. 1921 wurde es von Amsterdam »geschluckt«. Der stumpfe, helmlose Ransdorper Turm stammt aus dem 16. Jahrhundert und ist das älteste Überbleibsel des alten Dorfes. Er hat im Sommer täglich (außer montags) geöffnet und bietet einen schönen Blick auf den Norden Amsterdams, den Fluss IJ und sogar auf IJburg.

235 **A'DAM TOREN**
Overhoeks
Amsterdam-Noord ⑦
www.adamtoren.nl

Nördlich des Flusses IJ erhebt sich einer der markantesten Türme Amsterdams. Er wurde in den 1970er-Jahren von Arthur Staal für Royal Dutch Shell entworfen und ist immer noch als Shell Tower bekannt. Er stand mehrere Jahre leer, wurde aber 2014 renoviert und beherbergt heute Büros, Musikstudios, Clubs, ein Hotel und ein rotierendes Restaurant mit Aussichtspunkt und Schaukeln auf der Dachterrasse.

233 WESTERTOREN

Die 5 bekanntesten Bauten der
AMSTERDAMER SCHULE

236 JERUZALEMKERK

Jan Maijenstraat 14
Amsterdam-West ④
+31 (0)20 612 46 28
www.jeruzalem-kerk.nl

Die imposante, symmetrische rote Ziegelkirche mit Buntglasfenstern symbolisiert die sieben Tage der Schöpfung. Das Gebäude beherbergt auch sieben Apartments, Kirche und Wohnungen sind vereint, sodass Gott dem Menschen nahe sein kann. Die Jeruzalemkerk wurde Ende der 1920er-Jahre erbaut und ist bei Sonnenuntergang besonders schön. Die Terrasse des Café Cook bietet einen tollen Ausblick auf die Kirche.

237 DE DAGERAAD

P.L. Takstraat
Amsterdam-Zuid ③

Die eleganten wellenförmigen Linien des Gebäudes stehen in wunderschönem Kontrast zu den kleinen, horizontalen Lamellenfenstern. Das Gebäude wurde von der sozialistischen Wohnbaugenossenschaft De dageraad (»Morgendämmerung«) in Auftrag gegeben, von Michel de Klerk und Piet Kramer entworfen und 1920 erbaut. Es umfasste 294 Wohnungen sowie mehrere Läden im Erdgeschoss. In einem der alten Geschäfte befindet sich heute ein Besucherzentrum, das donnerstags bis samstags geöffnet ist.

238 HET SCHIP

Oostzaanstraat 45
Westerpark-Viertel ④
+31 (0)20 686 85 95
www.hetschip.nl

»Das Schiff« wurde zwischen 1914 und 1921 als Arbeiterpalast erbaut. Die drei Gebäude umfassen preiswerte Mietwohnungen, ein Postamt und einen Turm. Im Museum der Amsterdamer Architekturschule, das sich hier befindet, kann man eine original eingerichtete Arbeiterwohnung sowie das Postamt besichtigen. Der Bau wurde von Michel de Klerk entworfen und gilt als eines der schönsten Beispiele für diesen Architekturstil.

239 VRIJHEIDSLAAN

Vrijheidslaan
Amsterdam-Zuid ③

Die Vrijheidslaan (Freiheitsgasse) bildet den Osteingang zum Stadtteil Plan Zuid, der vom Architekten Berlage entworfen wurde. Der Bezirk wurde Ende des 20. Jahrhunderts errichtet, um die Wohnungsnot zu beenden und die beengten Wohnbedingungen im Stadtzentrum zu verbessern. In der Straße gibt es viele Gebäude im Stil der Amsterdamer Schule, designt von insgesamt 17 Architekten.

240 HET SIERAAD

Postjesweg 1
Amsterdam-West ④
+31 (0)20 820 09 28
www.het-sieraad.nl

Als Het Sieraad (Das Juwel) Anfang der 1920er-Jahre errichtet wurde, lag es am Westrand der Stadt. Das prachtvolle Gebäude mit einem fünfeckigen Grundriss beherbergte verschiedene Bildungseinrichtungen. Die Fassade ist mit Skulpturen von Hildo Krop geschmückt. Heute wird das Bauwerk immer noch als Schule genutzt, hat aber auch ein Café-Restaurant im Erdgeschoss, mit einer langen Terrasse direkt am Wasser.

Die 5 schönsten
GRACHTENHÄUSER

241 **MUSEUM HET GRACHTENHUIS**
Herengracht 386
Altstadtzentrum ②
+31 (0)20 421 16 56
www.hetgrachtenhuis.nl

Das prachtvolle Gebäude wurde im 17. Jahrhundert vom berühmten Architekten Philip Vingboons erbaut und diente Kaufleuten und Bankiers als Wohnhaus. Viele Finanzgeschäfte wurden hier abgeschlossen – mit dem Zaren, der französischen Monarchie oder dem Amerika der Bürgerkriegszeit. Heute beherbergt es das Grachtenmuseum. Die Ausstellung informiert interaktiv über die Geschichte der Grachten, die zur UNESCO-Welterbestätte ernannt wurden.

242 **HUIS MET DE HOOFDEN**
Keizersgracht 123
Altstadtzentrum ②
+31 (0)20 760 21 21
www.huismetdehoofden.nl

Der Legende nach hackte ein Küchenmädchen namens Anna sechs Einbrechern den Kopf ab – daher auch die sechs Köpfe an der Hausfassade. Tatsächlich aber stellen sie sechs römische Götter dar. Das Gebäude aus dem 17. Jahrhundert wurde von Hendrick de Keyser entworfen und war einst ein Paradies für Freidenker. Selbst Spinoza und Comenius sollen hier gewesen sein. Im Inneren befindet sich die Bibliothek, die Dan Brown zu seinen Romanen inspirierte.

243 HUIS BARTOLOTTI

Herengracht 170–172
Altstadtzentrum ②

Das reich verzierte Barockhaus aus dem frühen 17. Jahrhundert liegt versteckt in einer Ecke der Herengracht. Es wurde von einem der reichsten Amsterdamer, Willem van den Heuvel, in Auftrag gegeben, der angeblich ein Vermögen von 400 000 Gulden besaß. Er verdankte seinen Reichtum zwar hauptsächlich einer Erbschaft, aber auf der Fassade steht (auf Latein) das Motto »durch harte Arbeit« und »Religion und Tugend«.

244 AMSTERDAM PIPE MUSEUM

Prinsengracht 488
Südlicher Grachtengürtel ③
+31 (0)20 421 17 79
www.pipemuseum.nl

Das Grachtenhaus beherbergt heute ein Museum für Tabakspfeifen. Diese Sammlung begann 1969, als bei einer Ausgrabung an der Keizersgracht u. a. Lehmpfeifen gefunden wurden und das Interesse des Amateurarchäologen Don Duco weckten. Heute zeigt das Museum über 30 000 Objekte aus fünf Kontinenten. Das Stadthaus selbst stammt aus dem 17. Jahrhundert und hat wunderschöne Innenräume mit antikem Mobiliar.

245 BIBLISCHES MUSEUM

Herengracht 366–368
Altstadtzentrum ②
+31 (0)20 624 24 36
www.bijbelsmuseum.nl

Das Museum befindet sich in den Cromhout-Häusern, benannt nach dem Kaufmann Jacob Cromhout, der sie 1662 erbauen ließ. Die zwei klassizistischen Gebäude wurden von Philips Vingboons entworfen. Wer genau hinschaut, entdeckt an der Fassade ein krummes Stück Holz: eine Referenz an den einstigen Hausbesitzer, denn Cromhout bedeutet »gebogenes Holz«.

Die 5 attraktivsten
STADTVIERTEL

246 **BETONDORP**
Watergraafsmeer ⑤
www.betondorp.nl

Der niederländische Schriftsteller Gerard Reve beschrieb Betondorp mit den Worten: »Du, der du hier aufwächst, lass alle Hoffnung fahren!« Er schilderte das Viertel in seinem Roman »De Avonden« (»Die Abende«). Weitere berühmte Einwohner waren der Fußballer Johan Cruyff und der Fotograf Ed van der Elsken. Die minimalistischen Häuser aus den 1920er-Jahren bestehen aus Beton, weil Ziegel damals zu teuer waren. Betondorp inspirierte deutsche Architekten später zu ihren Plattenbauten.

247 **TUINDORP OOSTZAAN**
Amsterdam-Noord ⑦

Dieser Stadtteil wurde um 1920 am Nordufer des Flusses IJ gebaut, um Wohnraum für Arbeiter zu schaffen. Im Norden Amsterdams gab es damals zwei große Werften. Die Arbeiter lebten ganz in der Nähe in niedrigen Häusern rund um den Zonneplein. Tuindorp Oostzaan ist ein Viertel, in dem man noch den echten Amsterdamer Akzent hört. Im Meteorenweg 174 befindet sich ein Museumsgebäude aus den 1920er-Jahren.

248 IJBURG

Vorort

IJburg besteht aus einer Reihe künstlicher Inseln, die sich zurzeit noch im Bau befinden. Der Stadtteil besitzt einige der schönsten und auch misslungensten Bauwerke der modernen niederländischen Architektur. In Steigereiland Zuid haben viele Kreative ihre Wohnhäuser gebaut. Man sollte sich auch die schwimmenden Villen auf Steigereiland Noord ansehen. Am Rand von IJburg liegt das Hochhaus De Witte Kaap, Amsterdams Version des New Yorker Flatiron Buildings.

249 GWL-TERREIN

Van Hallstraat/Haarlemmerstraat
Westerpark-Viertel ④
www.gwl-terrein.nl

Mitte der 1990er-Jahre wurde am früheren Standort des städtischen Wasserwerks das autofreie und ökofreundliche Stadtviertel GWL-Terrein errichtet. Stadtverwaltung und Einwohner des Viertels wollten umweltfreundliche Häuser in gesunder Umgebung: mit Gründächern, recyceltem Regenwasser und vielen Grünflächen. Einige der alten Gebäude haben überlebt, zum Beispiel der Wasserturm und der Maschinenraum, in dem sich heute das Café Amsterdam befindet.

250 DUBBELTJESPANDEN

Mauritskade 29-54
Oosterpark-Viertel ⑤
www.dubbeltjespanden.nl

Die »Groschenhäuser« sind ein frühes Beispiel für Sozialbauten. Die idyllische Häuserreihe wurde 1870 billig, aber gut erbaut und bot eine Alternative zu den Bruchbuden, in denen viele Arbeiter damals lebten. Die Mieter zahlten jede Woche einen Groschen an die Niederländische Wohngenossenschaft.

Die 5

SCHIEFSTEN HÄUSER

251 **VIJZELGRACHT**
Vijzelgracht 4-10
und 20-26
Südlicher Grachtengürtel ③

Der Bau der unterirdischen Nord-Süd-Linie sprengte alle Planungen und Budgetgrenzen und verursachte großen Ärger. Durch die Bauarbeiten senkten sich 2008 und 2012 an der Vijzelgracht mehrere große Häuser aus dem 17. Jahrhundert um 15 bis 23 cm, sodass die Einwohner zeitweilig evakuiert werden mussten.

252 **SLUYSWACHT**
Jodenbreestraat 1
Viertel Waterlooplein ②
+31 (0)20 625 76 11
www.sluyswacht.nl

Das extrem schiefe, frei stehende Gebäude gegenüber dem Rembrandthaus-Museum wurde 1695 als Schleusenwärterhaus erbaut. Eines der ältesten Bilder der Sluyswacht wurde von Rembrandt gemalt, der zeitweilig gegenüber der Schleuse wohnte. Seit 20 Jahren befindet sich in dem Haus ein Café.

253 **BEGIJNHOF**
Begijnhof 30
Altstadtzentrum ②
+31 (0)20 622 19 18
www.begijnhofamsterdam.nl

Der friedliche, geschützte Innenhof befindet sich mitten im quirligen Stadtzentrum. Im 14. Jahrhundert lebten hier Beginen, ledige Frauen, die sich um die Alten und Kranken kümmerten. Bei genauerem Hinschauen sehen die Häuser wie eine Reihe schiefer Zähne aus.

254 **ROKIN**
Rokin 116
Altstadtzentrum ②

Die Gebäude am Rokin standen einst direkt am Wasser, aber der letzte Abschnitt der Amstel wurde in den 1930er-Jahren trockengelegt. Ursprünglich waren hier ein persischer Teppichladen und eine Kunsthandlung untergebracht. Später stand das Gebäude leer. Vor einigen Jahren wurde es renoviert, blieb aber auffallend schief.

255 **SPIEGELGRACHT**
Spiegelgracht 6
Südlicher Grachtengürtel ③

Das winzige Haus mit Uhrengiebel lehnt sich gemütlich ans Nachbargebäude. Die im 17. Jahrhundert erbaute, von Galerien und Juwelieren gesäumte Spiegelgracht gegenüber vom Rijksmuseum hat mehrere schiefe Kanalhäuser: Sie neigten sich nach vorn, damit ihre Fassaden keinen Schaden nahmen, wenn Waren in die Dachspeicher gezogen wurden.

252 SLUYSWACHT

5 *besondere*

RELIGIÖSE BAUWERKE

256 **VERMANING AAN HET MEERPAD**
Meerpad 7
Amsterdam-Noord ⑦
+31 (0)20 623 45 88

Die Mennonitengemeinde von Nieuwendam hält ihre Gottesdienste in der kleinsten Kirche Amsterdams ab. Das weiße Gebäude wurde 1843 erbaut, nachdem die Gläubigen 4000 Gulden gesammelt hatten. Es ist so klein, weil in den Dörfern Buiksloot und Nieuwendam damals nur 50 Mennoniten lebten.

257 **PORTUGIESISCHE SYNAGOGE**
Mr. Visserplein 3
Plantage-Viertel ②
+31 (0)20 531 03 10
www.jck.nl

Der Innenraum der Synagoge aus dem 17. Jahrhundert ist noch ganz intakt. Hier befindet sich auch die Ets-Haim-Bibliothek, die älteste jüdische Bibliothek der Welt, in der Tausende seltener Bücher, Drucke und Manuskripte aufbewahrt werden. Es wird Eintritt erhoben.

258 **WESTERMOSKEE**
Piri Reïsplein 101
Amsterdam-West ④
+31 (0)6 222 522 22
www.westermoskee.nl

Die französisch-jüdischen Architekten Marc und Nada Breitman ließen sich von osmanischen Bauwerken inspirieren, als sie diese Moschee entwarfen. Das Bauwerk kombiniert osmanische Elemente mit den in Holland so beliebten roten Ziegeln. Die wunderschöne Moschee wurde 2016 eröffnet.

259 ONS' LIEVE HEER OP SOLDER

Oudezijds Voorburgwal 38
Altstadtzentrum ②
+31 (0)20 624 66 04
www.opsolder.nl

Als im 16. Jahrhundert die Reformation wütete, durften Katholiken nicht mehr zum Gottesdienst gehen. Sie versammelten sich daher in kleinen Konventikeln wie Ons' Lieve Heer op Solder (Unser Herr auf dem Dachboden). 1887, als am Hauptbahnhof die Kirche St. Nikolaus eröffnet wurde, war die »Dachkammer« nicht mehr nötig. Heute befindet sich in dem Gebäude ein Museum.

260 ZUIDERKERK

Zuiderkerkhof 72
Viertel Waterlooplein ②
+31 (0)20 308 03 99
www.zuiderkerk amsterdam.nl

Die Zuiderkerk wurde zwischen 1603 und 1611 im Stil der Renaissance erbaut. Ihre Lage auf einem kleinen Hof lässt fast vergessen, wie überfüllt das Stadtzentrum ist. Das Glockenspiel – das älteste in Amsterdam – stammt von 1511. Im Sommer (oder nach Voranmeldung) können Besucher auf den 68 m hohen Kirchturm steigen.

256 VERMANING AAN HET MEERPAD

Die 5 erstaunlichsten
GIEBELSTEINE

261 **DER FUCHS UND DIE KRABBE**
Noordermarkt 39-40
Jordaan ①

Auf dem Giebelstein aus dem 18. Jahrhundert ist die Fabel vom Fuchs und der Krabbe dargestellt. Der Fuchs will mit der Krabbe um die Wette laufen und rechnet mit seinem Sieg, aber die Krabbe hält heimlich seinen Schwanz fest und gewinnt das Rennen. Bei der Renovierung erhielt der Fuchs seine Schnauze zurück.

262 **DIE VINDERS KAMER 1644**
Oudezijds Voorburgwal 274
Altstadtzentrum ②

Der Giebelstein zeigt drei Fleischinspektoren mit einer geschlachteten Kuh, links liegt ein geschlachtetes Schaf. Der Stein stammt aus Sint Pieterspoortsteeg, wo eine inzwischen abgerissene Kirche als Fleischhalle diente, in der sich die Gilde der Fleischinspektoren versammelte.

263 **BURGERWEESHUIS / AMSTERDAM MUSEUM**
Kalverstraat 92
Altstadtzentrum ②
+31 (0)20 523 18 22
www.amsterdammuseum.nl

Der Eingang des ehemaligen Waisenhauses ist mit einem kunstvollen Giebel geschmückt. In der Mitte des Steins befindet sich eine weiße Taube, das Symbol des Waisenhauses. Darum herum sitzen acht Waisen. Der Text, verfasst von dem Dichter Joost van den Vondel, ermahnt Vorbeigehende, Geld zu spenden.

264 **DE GAPER (DER GÄHNENDE)**
CAFÉ DE VERGULDE GAPER
Prinsenstraat 30
Jordaan ①
+31 (0)20 624 89 75
www.devergulde gaper.nl

Ab dem 17. Jahrhundert wurden an den Fassaden von Apotheken *gapers* (Gähnende) angebracht. Die Figuren mit offenem Mund gähnen aber nicht, sondern nehmen Medikamente ein, man sieht die Pille auf der Zunge. Oft waren die »Gähnenden« als Mauren dargestellt – eine Referenz auf die Herkunft vieler Medikamente aus orientalischen Ländern.

265 **IN OBJECTEN**
Oude Braak 21
Altstadtzentrum ②

Es gibt immer noch Handwerker, die Giebelsteine herstellen. Einer von ihnen ist Hans 't Mannetje, der beim Bildhauer Hildo Krop lernte und schon Hunderte Giebelsteine anfertigte. Der auf dem Haus an der Oude Braak 21 – dem früheren Sitz eines Bauunternehmens – zeigt eine Bohrmaschine, die auf der rechten Seite ein winziges Loch gebohrt hat.

261 DER FUCHS UND DIE KRABBE

266 HORTUS BOTANICUS

50 ORTE, UM AMSTERDAM ZU ENTDECKEN

Die 5

FRIEDLICHSTEN ORTE

266 **HORTUS BOTANICUS**
Plantage Middenlaan 2a
Plantage-Viertel ②
+31 (0)20 625 90 21
www.dehortus.nl

Der Botanische Garten der Universität Amsterdam wurde 1638 eröffnet und beherbergt über 4000 Pflanzenarten. Das lauschige grüne Paradies war einst ein Zentrum für innovative Studien. Hier befindet sich auch die erste Pflanze des weithin bekannten Brasil-Kaffees: Als sie 1706 aus dem Nahen Osten nach Amsterdam kam, wurde sie im Hortus weitergezüchtet. Die seltene Viktoria-Wasserlilie ist ebenfalls ein Eyecatcher.

267 **DE PAPEGAAI**
Kalverstraat 58
Altstadtzentrum ②
+31 (0)20 623 18 89
www.nicolaas-parochie.nl

Die winzige Kirche ist von hohen Straßengeschäften umgeben und bietet eine ruhige Zuflucht vor der lebhaften Kalverstraat. Ihre Geschichte geht bis ins 17. Jahrhundert und auf die Nachwehen der Reformation zurück – das Gotteshaus wurde als Konventikel gegründet, in dem Katholiken in Stille zusammen beten konnten. Die Kirche lag einst hinter einem Vogelgeschäft, daher auch ihr Name: Der Papagei.

268 ZEVENKEUR-VORSTENHOFJE

Tuinstraat 197–223
Jordaan ①

Diese Armenhäuser wurden Mitte des 17. Jahrhunderts von wohltätigen katholischen Damen erbaut, die den Bedürftigen ein Heim schenken wollten. Vor einigen Jahren wurden die Gebäude renoviert und zu zwölf Häusern vereint, die nun von einer Wohngenossenschaft vermietet werden.

269 ALLEMANSKAPEL SINT JORIS

Oudezijds Achterburgwal 100
Altstadtzentrum ②
+31 (0)20 626 66 34

Die Kapelle wurde 1977 im Keller eines früheren Sextheaters im Rotlichtviertel eröffnet. Sie ist nach dem heiligen Georg benannt, der den Drachen besiegte. Die Inhaber betonen, dass sie »ein Symbol für den Sieg über das Sextheater und dessen Umwandlung in eine Kapelle« ist. Heute kommen hier Mitglieder verschiedener Glaubensrichtungen zusammen.

270 HUIS TE VRAAG

Rijnsburgstraat 51
Amsterdam-Zuid ⑥
+31 (0)20 614 34 93
www.huistevraag.nl

Wer durch das schmiedeeiserne Tor des Friedhofs Huis te Vraag (Haus der Fragen) geht, findet sich in einer völlig anderen Welt wieder. Die Grabsteine sind überwuchert, und es herrscht nichts als Stille. Im Mittelalter befand sich hier ein Gasthaus. Angeblich soll Kaiser Maximilian I. hier angehalten haben, um nach dem Weg in die Hauptstadt zu fragen, als er 1489 von Haarlem nach Amsterdam reiste – daher auch der Name des Friedhofs. Am Wochenende geschlossen.

Die 5 besten

AUSSICHTSPUNKTE

271 **RAMADA-HOTEL**
Staalmeesterslaan 410
Nieuw-West ④
+31 (0)20 570 53 72
www.ramada-amsterdam.com

Das Restaurant mit Skybar befindet sich im 17. Stock des Ramada-Hotels beim Rembrandtpark. Das Hotel liegt am Rand des Stadtzentrums, in der Nähe der Nachkriegsvororte von Neu-West. Von der Spitze des Gebäudes erkennt man, wie sehr sich das Vorkriegs- von dem Nachkriegs-Amsterdam unterscheidet.

272 **CANVAS OP DE ZEVENDE**
Wibautstraat 150
Oosterpark-Viertel ⑤
+31 (0)20 261 21 10
www.volkshotel.nl

Canvas ist ein Club und Restaurant im 7. Stock des ehemaligen Redaktionsbüros der niederländischen Tageszeitung »De Volkskrant«. Die großen Fenster des alten Produkionsraumes bieten einen herrlichen Rundumblick auf die Stadt.

273 **SILODAM**
Westelijke Eilanden ①
www.silodam.nl

Der niedrige Wohnblock Silodam hat eine Terrasse, die einen atemberaubenden Blick auf den Fluss IJ bietet. Der große steinerne Komplex neben dem Damm war einst ein Getreidespeicher. Er wurde Ende des 19. Jahrhunderts gebaut und in den 1980er-Jahren besetzt, was ihn vor dem Abriss rettete. Heute ist das Bauwerk ein Nationaldenkmal.

274 RESTAURANT STORK

Gedempt Hamerkanaal 201
Amsterdam-Noord ⑦
+31 (0)20 634 40 00
www.restaurantstork.nl

Das Fischrestaurant befindet sich im Bezirk De Overkant (Die andere Seite), einem früheren Industriegebiet, das einen herrlichen Blick auf den Fluss IJ bietet. Früher befanden sich hier mehrere Motoren-Hersteller, z. B. von Stork. Das Areal wurde zu einem multifunktionalen Veranstaltungszentrum ausgebaut, aber das Industrieflair ist geblieben.

275 OKURA BAR UND RESTAURANT

Ferdinand Bolstraat 333
De Pijp ③
+31 (0)20 678 71 11
www.okura.nl

Die Champagner- und Cocktailbar befindet sich im 23. Stock des Hotels Okura im Viertel De Pijp. Von der zentral gelegenen Bar kann man die gesamte Stadt überblicken. Nebenan befindet sich Ciel Bleu, ein Restaurant mit zwei Michelin-Sternen unter der Leitung des Chefkochs Onno Kokmeijer.

272 CANVAS OP DE ZEVENDE

Die 5

SCHÖNSTEN STRASSEN

276 NIEUWENDAMMERDIJK
Amsterdam-Noord ⑦

Die glücklichen Anwohner betonen gern, dass ihre Straße so etwas ist wie ein Dorf innerhalb der Stadt. Der Deich wurde 1516 erbaut, und in den Holzhäusern mit Uhrengiebeln wohnten einst Seeleute. Die Straße hat immer noch historisches Flair, das sich wunderschön von den modernen Straßen der Umgebung abhebt.

277 VESPUCCISTRAAT
Amsterdam-West ④

Die Straße aus den 1920er-Jahren ist von Gingko-Bäumen und Gebäuden im Stil der Amsterdamer Schule gesäumt und unbedingt einen Besuch wert. Die roten Häuser mit symmetrischen Ziegelmustern scheinen vor allem spätnachmittags warmes Licht auszustrahlen.

278 HENRI POLAKLAAN
Plantage-Viertel ②

Hier im alten Jüdischen Viertel stehen prachtvolle Häuser aus dem 19. Jahrhundert und majestätische Bäume. Benannt wurde die Straß nach dem Sozialdemokraten Henri Polak (1868–1943), Präsident der Diamantenarbeiter-Gewerkschaft. Der Architekt H. P. Berlage gestaltete den Hauptsitz der Gewerkschaft (Hausnr. 9).

279 RINGDIJK
Watergraafsmeer ⑤

Der Ringdijk aus dem 17. Jahrhundert gehört zu den Deichen, die Watergraafsmeer (einen Polder fünf Meter unter dem Meeresspiegel) vor Überflutung schützen. Wer hier entlangläuft, blickt auf typische Deichhäuser. An der Ecke Middenweg steht ein Gerichtsgebäude von 1777. Hier erhielt Napoleon 1811 bei seinem Besuch in Amsterdam die Stadtschlüssel.

280 BROUWERSGRACHT
Jordaan ①

Kenner wissen, dass dies die schönste Gracht Amsterdams ist. Acht Brücken führen über die Brouwersgracht, einen Kanal, der immer noch von alten Lagerhallen mit hölzernen Rollläden gesäumt ist. Seinen Namen erhielt der »Brauereikanal« nach den vielen Bierbrauereien, die im 16. und 17. Jahrhundert hier standen.

279 RINGDIJK

Die 5

UNGEWÖHNLICHSTEN BRUNNEN

281 TAYOUKEN PISS

Groesbeekdreef
Southeast (Vorort)

Unter einer Brücke in De Bijlmer, einem Stadtteil im Südosten Amsterdams, der in den 1960er-Jahren erbaut wurde, stehen sechs farbenfrohe, urinierende Männer. Sie heißen »Les pisseurs d'Amsterdam« und sind vom kamerunisch-belgischen Künstler Pascale Tayou, der den Springbrunnen 2009 für ein Kunstevent schuf. Die sechs ungenierten Männer sind sehr beliebt bei den Bewohnern dieses Viertels und wurden 2014 restauriert.

282 MAN EN SCHAAP

Zeeburgerdijk / Flevoparkweg
Indische Buurt ⑤

Die Bronze-Figurengruppe »Mann und Schaf« gewann 2011 den Amsterdamer Preis für Straßenkunst. Sie wurde 2003 von Merijn Bolink geschaffen und zeigt einen Mann und ein Schaf, die scheinbar im Wasser schwimmen. Nur ihre Köpfe schauen heraus, sie sehen einander an, und aus den Augen des Mannes spritzt Wasser ins Gesicht des Tieres.

283 SCHNEEWITTCHEN UND DIE SIEBEN ZWERGE

Frederiksplein
Südlicher Grachtengürtel ③

Der Springbrunnen ist sehr bekannt, nicht zuletzt, weil die Leute Seife ins Wasser werfen, damit es kräftig schäumt. Aber kaum jemand weiß, dass er »Schneewittchen und die sieben Zwerge« heißt: Schneewittchen ist die große Fontäne in der Mitte, die von sieben kleinen Fontänen umringt ist. Obwohl der Brunnen an einer lebhaften Verkehrskreuzung liegt, ist er ein beliebter Ort zum Abkühlen und Ausruhen.

284 MANN, DER ÖFFENTLICH URINIERT

IJsbaanpad 50 / ASV Arsenal
Amsterdam-Zuid ⑥

Wer am Fußballclub Arsenal vorbeiradelt, muss zweimal hinschauen: Steht dort wirklich ein urinierender Mann? Der Fußballer ist das Abbild eines Samstagsspielers, der seine Blase nicht unter Kontrolle hat. Erik Kessels schuf ihn anlässlich einer Kunstausstellung 2011 auf dem Gelände des ASV Arsenal.

285 HOGEWEG FOUNTAIN

Hogeweg / Linnaeusparkweg
Watergraafsmeer ⑤

Von 1900 bis 1932 stand an diesem hübschen Rondell in Watergraafsmeer ein schmiedeeiserner Springbrunnen. Später setzten sich die Anwohner dafür ein, dass 2007 der flache, runde Hogeweg-Brunnen errichtet werden konnte. (Allerdings waren nicht alle darüber glücklich, ein Nachbar beschwerte sich über den Lärm und zog schließlich weg.) Die Bänke rund um den Brunnen sind ein beliebter Treffpunkt, und im Sommer toben im Wasser gern Kinder.

Die 5 schönsten
VERSTECKTEN GÄRTEN

286 **NATUURTUIN SLATUINEN**
Slatuinenweg 45
Amsterdam-West ④
+31 (0)20 412 43 61
www.natuurtuin slatuinen.wixsite.com/ slatuinen2

Der Slatuinenweg ist ein schöner, schmaler Weg aus dem 17. Jahrhundert, der einst von Gemüsegärten (*slatuinen* bedeutet Salatgärten) umgeben war. Heute ist er von hochbegehrten historischen Flachbauten gesäumt. Hinter der Nummer 45 liegt ein gut gehütetes Geheimnis: ein Naturgarten mit Wald, einem Moor und Teichen. Das grüne Paradies ist donnerstags und jeden ersten Sonntag im Monat für Besucher zugänglich.

287 **GARTEN DER ORANJEKERK**
Tweede van der Helststraat 1-3
De Pijp ③
+31 (0)20 679 55 59
www.oranjekerk amsterdam.nl

Direkt neben der protestantischen Oranjekerk, im Herzen des dicht bebauten Stadtviertels De Pijp, befindet sich ein biblischer Kirchengarten mit Pflanzen, die Namen wie Ehrlichkeit, Jakobsleiter und Salomonssiegel tragen. Es gibt auch eine Weinlaube und einen Froschteich. Im Turm der Oranjekerk nisten Kleine Hopfenspinner. Der Garten ist montags, mittwochs und freitags an den Nachmittagen sowie sonntags nach dem Gottesdienst geöffnet.

288 **HOTEL ARENA MIT MARIENHÖHLE**
's-Gravesandestraat 51
Oosterpark-Viertel ⑤
+31 (0)20 850 24 00
www.hotelarena.nl

Das Hotel Arena befindet sich in einem riesigen Gebäude, einst ein Hospital für chronisch Kranke. Es steht direkt neben dem Oosterpark und hat einen eigenen Garten. In einer verborgenen Ecke, hinter ein paar Sträuchern, befindet sich eine kleine künstliche Höhle mit einer Statue der heiligen Maria, die wohl damals für das Gebet der Kranken aufgestellt wurde. Wer die Grotte nicht findet, fragt einfach an der Rezeption nach.

289 **TOLHUISTUIN (GARTEN)**
Tolhuisweg 3
Amsterdam-Noord ⑦

Im 19. Jahrhundert war dieser Park ein beliebtes Ausflugsziel der Anwohner, die hier sogar Open-Air-Konzerte veranstalteten. Als Royal Dutch Shell im 20. Jahrhundert das gesamte Gelände aufkaufte, wurde der Garten privatisiert. Im Zweiten Weltkrieg bauten die Shell-Mitarbeiter hier Gemüse an. Der Park ist seit Kurzem wieder für Besucher geöffnet.

290 **VAN BRIENENHOFJE**
Prinsengracht 85-133
Jordaan ①

Arnaut van Brienen kaufte 1797 ein Haus, ein Warenlager und eine Brauerei namens De Star und riss alle Gebäude ab, um diesen *hofje* (Gemeinschaftshof) zu bauen. Er verstarb aber, bevor der Grundstein gelegt wurde. Um den grünen Hof mit einer Wasserpumpe und einer Laterne in der Mitte stehen Häuser und eine große Kapelle. Van Brienenhofje war einst ausschließlich für Katholiken reserviert, aber diese Vorschriften gelten heute nicht mehr.

Die 5 BEZAUBERNDSTEN PLÄTZE

291 **ZONNEPLEIN**
Amsterdam-Noord ⑦

Er ist der zentrale Platz von Tuindorp Oostzaan, einem Arbeiterviertel, das in den 1920er-Jahren erbaut wurde. Neben einigen Läden befindet sich hier auch das Zonnehuis, ein Theater und einstiger Treffpunkt der Arbeiterverbände. Der Platz wurde 1932 im Architekturstil der Amsterdamer Schule erbaut.

292 **KADIJKSPLEIN**
Plantage-Viertel ②

Kadijksplein liegt an einem Deich, der das Plantage-Viertel vor dem Fluss IJ schützt. Auf dem hübschen Platz gibt es schattenspendende Bäume und eine kleine Terrasse. In der Mitte des Platzes steht die Skulptur eines Seemanns, der auf das ehemalige Matrosenheim blickt.

293 **KASTANJEPLEIN**
Oosterpark-Viertel ⑤

Amsterdam ist nicht für seine schönen Plätze bekannt, aber der Kastanjeplein ist eine Ausnahme. Hier stehen 14 alte *kastanjebomen* (Kastanienbäume), die angenehmen Schatten spenden. Nachts wird der Platz von originalen, schmiedeeisernen Ritter-Laternen erhellt.

294 AMSTELVELD

Südlicher Grachtengürtel ③

Im 17. Jahrhundert sollte in Amstelveld eigentlich eine große Kirche gebaut werden. Stattdessen wurde die winzige, hölzerne Amstelkerk errichtet. Sie sollte nur eine Zwischenlösung sein, steht aber heute noch dort. Weil die Kirche so klein war, blieb der Platz sehr weitläufig. Das Fußballfeld in der Mitte ist von Dutzenden Flügelnussbäumen umgeben. Montags findet auf dem Platz ein Blumenmarkt statt.

295 ARTISPLEIN

Plantage-Viertel ②
www.artis.nl/artisplein

Artis hat vor Kurzem einen kleinen Teil des Zoos für alle öffentlich gemacht. Der Artisplein ist ein frei zugänglicher Platz, wo man den Duft der Tiere riechen, Flamingos beobachten und die Vögel in der Voliere beobachten kann. Gibt es Besseres, um der Stadt zu entfliehen?

293 KASTANJEPLEIN

Die 5

KURIOSESTEN SKULPTUREN

296 **DIE BÜROARBEITER**
Schalk Burgerstraat 1–2a
Oosterpark-Viertel ⑤

Am Rand dieses Häuserblocks steht eine kleine Prozession von Bronzestatuen, die Büroarbeiter mit Koffern darstellen. Das Werk wurde 2002 von Elisa van Schie und Martin Takken geschaffen und von einer Wohnbaugenossenschaft in Auftrag gegeben.

297 **WIE MAN EINEN ENGEL TRIFFT**
Eerste Constantijn Huygenstraat 38
Amsterdam-West ④

Wer am psychiatrischen Zentrum Mentrum vorbeigeht, sollte nach oben schauen: Dort ragt eine Leiter aus dem Dach, an deren Ende eine Person nach dem Himmel greift. Das Kunstwerk wurde von Ilja und Emilia Kabakow gestaltet und soll Hoffnung und den stufenweisen Heilungsprozess versinnbildlichen.

298 **MANN MIT GEIGENKOFFER**
Tweede Marnixplantsoen
Jordaan ①

Diese Statue stand 1982 plötzlich mitten in der Nacht hier, der Künstler ist unbekannt. Der kopflose Mann mit Geigenkoffer scheint der Trambahn nachzulaufen, während er mit einer Hand seinen Hut festhält. Die Figur wurde mehrmals neu bemalt, erhielt aber nach Protesten ihr dunkelblaues Aussehen zurück.

299 **BRUSTPLATTE**
Oudekerksplein
Altstadtzentrum ②

Im Februar 1993 tauchten diese Brust und Hand aus Kupfer plötzlich auf dem Boden des Oudekerksplein auf. Die Stadtverwaltung wollte das illegale Kunstwerk entfernen, doch es war im Pflaster einbetoniert. Auch die Rückgabe an den Künstler scheiterte: Der Bildhauer kontaktierte zwar den Stadtrat, blieb aber anonym.

300 **ZAGERTJE**
Leidsebosje
Südlicher Grachtengürtel ③

Diese Figur bringt einen zum Lachen, wenn man weiß, wo sie steht. Sie befindet sich auf einer kleinen Grünfläche, die unter dem Namen Leidsebosje bekannt ist (neben dem Café Americain auf dem Leidseplein). Die kleine Figur steht auf einem Ast und ist dabei, ihn abzusägen. Das Kunstwerk, dessen Herkunft ebenfalls anonym ist, tauchte 1989 auf.

300 ZAGERTJE

5 besondere Orte im
VONDELPARK

301 **CENTRUM DE ROOS**
P.C. Hooftstraat 183
Museumsviertel ③
+31 (0)20 689 00 81
www.roos.nl

De Roos ist ein 1984 gegründetes Zentrum für Achtsamkeit und Spiritualität. Seine Terrasse ist ein toller Ort für einen Kaffee, ein Sandwich oder ein Stück frischen Apfelkuchen. Das Zentrum liegt nahe dem Parkausgang zur schicken Pieter Cornelisz Hooftstraat.

302 **VONDELKERK**
Vondelstraat 120
Amsterdam-Zuid ⑥

Der Architekt Pierre Cuypers erbaute die Kirche 1872 im neugotischen Stil, genau in der Mitte der Vondelstraat. Nach dem Zweiten Weltkrieg verfiel sie, und die Diözese verkaufte sie für einen Euro an einen Investor. 1984 wurde das Gebäude besetzt, so vor dem Abriss gerettet und später renoviert.

303 **STÖRCHE**
Insel im Park
Amsterdam-Zuid ⑥

Um das Aussterben der Störche zu verhindern, organisierten Umweltschützer Aufzuchtprojekte und halfen den Tieren, Nistplätze zu finden. Im Vondelpark gibt es ein künstliches Nest. Es ist umzäunt und nicht zugänglich, aber leicht zu finden. Vom Rosengarten aus kann man die Störche wunderbar beobachten.

304 VONDELBUNKER

Vondelpark 8
(unter der Brücke)
Amsterdam-Zuid ⑥
www.vondelbunker.nl

Über diesen Atombunker ist wenig bekannt. Er wurde in den 1940er-Jahren erbaut und befindet sich unter der Brücke, zwischen Eerste Constantijn Huygen- und Van Baerlestraat. Später entwickelte er sich zu einem Musikzentrum für Hippies und Hausbesetzer. Sogar Pink Floyd sind hier schon aufgetreten. Heute sind hier ein Probenraum, eine Bar und ein Kunst- und Debattierzentrum.

305 PICASSOS »FIGURE DÉCOUPÉE (L' OISEAU)«

Amsterdam-Zuid ⑥

Diese Statue eines fischförmigen Vogels stiftete Pablo Picasso der Stadt 1965 unter der Bedingung, das Werk dauerhaft hier auszustellen. Es war ein Geschenk zum 100-jährigen Geburtstag des Parks. Um mit dem Erlös den Park zu finanzieren, sollte es 1994 verkauft werden, was aber widerrufen wurde.

305 »FIGURE DÉCOUPÉE (L' OISEAU)«

Die 5 schönsten
BRÜCKEN

306 VIERWINDSTREKEN-BRUG
Jan van Galenstraat/ Admiralengracht
Amsterdam-West ④

Die Vier-Himmelsrichtungen-Brücke wurde 1925 erbaut. An ihren Eckpunkten stehen ein Eskimo mit Seehund und Walross (Norden), ein Chinese mit Boot (Osten), ein Afrikaner mit Speer, Schild und Löwen (Süden) und ein Amerikaner mit Telefon und Auto (Westen). Die Skulpturen schuf Hildo Krop (1884–1970).

307 PYTHON-BRÜCKE
Panamakade/ Stuurmankade
Oostelijke Eilanden ②

Die zwei spektakulären roten Stahlbrücken im Hafenviertel Ost wurden von Adriaan Geuze entworfen. Die größere windet sich wie eine Schlange und trägt den Spitznamen »Python«. Die flache Brücke ist mit dem Rollstuhl zugänglich.

308 KOEKJESBRUG
Bosboom Toussaintstraat / Nieuwe Passeerdersstraat
Südlicher Grachtengürtel ③

Sie wurde 1911 erbaut, um das Arbeiterviertel in Amsterdam-West mit der City zu verbinden. Niemand weiß, worauf sich *koekjes* (Kekse) bezieht, aber Martin Bril hat eine Kurzgeschichte darüber geschrieben. »Es ist eine wunderschöne, alte Brücke, und ich mag den Namen für eine Brücke. Jedes Mal, wenn ich sie überquere, sage ich leise: Koekjesbrug.«

309 NIJLPAARDENBRUG
Plantage Doklaan/
Entrepotdok
Plantage-Viertel ②

Die Nilpferdbrücke ist eine rot-gelb-blau gestrichene Zugbrücke von 1987. Sie bietet einen herrlichen Blick auf die alten Gebäude der Umgebung, doch man sollte von der anderen Seite kommen, um die Savanne des Artis-Zoos mit ihren Zebras und Antilopen zu sehen.

310 DRIEHARINGENBRUG
Prinseneiland/
Bickerseiland
Westelijke Eilanden ①

Die drei Westelijke-Inseln (Bickerseiland, Realeneiland und Prinseneiland) aus dem frühen 17. Jahrhundert sind ein wunderschöner historischer Teil von Amsterdam. Man sieht hier viele umgebaute Speicher, in denen einst Heringe, Getreide, Tabak und viele andere Waren lagerten. Die Inseln sind durch mehrere Brücken verbunden; die kleinste, die Drieharingenbrug (Drei-Hering-Brücke) ist eine hölzerne Zugbrücke und nur für Fußgänger und Radfahrer zugänglich.

307 PYTHON-BRÜCKE

Die 5 besten Orte für
STRASSENKUNST

311 **KEITH HARING**
Jan van Galenstraat 4
Amsterdam-West ④

Dies ist wirklich ein *hidden secret.* An einer Wand des Food Center Amsterdam befindet sich ein Wandgemälde von Keith Haring, das er 1986 fertigstellte. Um dieses gigantische Kunstwerk zu schützen, wurde es verdeckt, aber jetzt wird der Großmarkt saniert und Harings fröhliches Monster wieder enthüllt. Die Arbeiten sollen 2034 beendet sein.

312 **THE LONDON POLICE**
Prinsengracht / Tuinstraat
Jordaan ①

Nahe der GO-Galerie befindet sich das eindrucksvolle, hohe Wandbild, das von mehreren Straßenkünstlern gemalt wurde. Mit seinem schwarz-weißen Grafikstil und den runden Figuren ist es unübersehbar. Das Gemälde wurde vom Besitzer des Hauses in Auftrag gegeben.

313 **HUGO KAAGMAN**
Hemonylaan
De Pijp ③

Hugo Kaagman arbeitet seit den 1970er-Jahren als Schablonenkünstler in Amsterdam. Er hat einen einzigartigen Stil entwickelt, und seine maurischen und Delfter Motive sind auch kommerziell erfolgreich. In der Hemonylaan (etwa gegenüber von den Häusern Nr. 7 bis 11) hat er eine »Übungsmauer«.

314 RUA

Havenstraat
Amsterdam-Zuid ⑥

Das brasilianische Straßenkunst-Kollektiv Reflexo on Urban Art (RUA) erhielt den Auftrag für große Wandgemälde in Amsterdam, viele davon sind im Stadtviertel Süd-Ost. Obwohl die Bilder von verschiedenen Künstlern stammen, erkennt man sie an den kräftigen Farben und fantasievollen Figuren. Gegenüber vom Tramdepot Haarlemmermeer befindet sich ein riesiges Wandbild von Rimon Guimarães.

315 VERSCHIEDENE KÜNSTLER

Zeeburgerdijk / Zeeburgerbrug
Indische Buurt ⑤

Auf nach Amsterdam-Ost! In der Zeeburgerdijk 209 und 211 befinden sich Werke (inter)nationaler Graffiti- und Schablonenkünstler. Sie sind jedoch nur ein Auftakt für die Bilder auf den Säulen der Zeeburgerbrug, einer legalen Graffitizone, wo immer Künstler arbeiten.

312 THE LONDON POLICE

325 ANNET GELINK GALLERY

60 ORTE FÜR DEN KULTURGENUSS

Die 5 inspirierendsten MUSEEN

316 **HUIS MARSEILLE**
Keizersgracht 401
Altstadtzentrum ②
+31 (0)20 531 89 89
www.huismarseille.nl

Bei seiner Eröffnung im Jahr 1999 war Huis Marseille das erste Museum für Fotografie in den Niederlanden. Es befindet sich in einem wunderschönen alten Grachtenhaus mit sechs Zimmern, das vor Kurzem renoviert und vergrößert wurde. Die großen Wechselausstellungen zeigen vorwiegend Dokumentarfotografie aus der ganzen Welt.

317 **KATTENKABINET**
Herengracht 497
Südlicher Grachtengürtel ③
+31 (0)20 626 90 40
www.kattenkabinet.nl

Bob Meijer hat das Grachtenhaus aus dem 17. Jahrhundert in ein Museum verwandelt, das sich ausschließlich Katzen widmet. Es wurde 1990 in Gedenken an Meijers roten Kater John Pierpont Morgan eröffnet. Sein Katzenfreund ist auf mehreren Kunstwerken zu sehen. Das Museum zeigt auch Gemälde von Henry Toulouse-Lautrec, Sal Meijer, Pablo Picasso und Théophile Steinlen. Und es gibt sogar ein paar lebende Katzen!

318 NIEUW DAKOTA

Ms. van Riemsdijkweg 41b
Amsterdam-Noord ⑦
+31 (0)20 331 83 11
www.nieuwdakota.com

Das Zentrum für zeitgenössische Kunst zeigt fast jeden Monat neue Einzel- und Gruppenausstellungen. Die Organisatoren kooperieren mit externen Kuratoren, Kulturinstitutionen und Künstlern. Nieuw Dakota befindet sich in einem der Speicher der NDSM-Schiffswerft, direkt neben der Fährstation. Von Donnerstag bis Sonntag geöffnet.

319 HAUSBOOTMUSEUM

Prinsengracht 296k
Jordaan ①
+31 (0)20 427 07 50
www.houseboatmuseum.nl

Die »Hendrika Maria« transportierte bis in die 1960er-Jahre Sand und Kies. Jetzt sind ihre Tage als Frachtschiff vorbei, sie wurde zum Hausboot umgebaut. Der Besitzer Vincent van Loon bemerkte, dass Touristen immer neugierig in sein Boot schauten, also wandelte er es in ein Museum um. Wer durch die gemütlichen Innenräume aus den 1950ern läuft, hat das Gefühl, die Bewohner wären nur kurz fort, um einzukaufen.

320 STADSARCHIEF

Vijzelstraat 32
Südlicher Grachtengürtel ③
+31 (0)20 251 15 11
www.stadsarchief.amsterdam.nl

In den Stadtarchiven befindet sich alles, was man über Amsterdam wissen muss: Millionen von Karten, Archive von insgesamt 50 Kilometer Länge sowie unzählige Film- und Fotodokumente. Die Amsterdamer Stadtarchive zeigen regelmäßig Ausstellungen, aber man sollte sich unbedingt auch die Dauerausstellung im Untergeschoss des früheren Bankgebäudes anschauen: viele verborgene Geheimnisse hinter dicken Safe-Türen aus beschichtetem Stahl.

Die 5 besten
KUNSTGALERIEN
im Jordaan

321 **TORCH GALLERY**
Lauriergracht 94
Jordaan ①
+31 (0)20 626 02 84
www.torchgallery.com

Als der kürzlich verstorbene Adriaan van der Have 1984 die TORCH Gallery eröffnete, zählte er zu den ersten Galeristen, die moderne Fotografie als Kunstform in den Niederlanden einführten. In der Galerie im Jordaan finden jährlich acht Ausstellungen statt. Bei den letzten Präsentationen waren Werke von Inez Lamsweerde, Anton Corbijn, Victor&Rolf, Takashi Murakami und Leni Riefenstahl vertreten.

322 **GALERIE WOUTER VAN LEEUWEN**
Hazenstraat 27
Jordaan ①
+31 (0)6 520 31 540
www.wouter vanleeuwen.com

Die Galerie Wouter van Leeuwen liegt versteckt in der »Galeriengasse« des Jordaan. Van Leeuwen fördert seit 14 Jahren Werke junger und etablierter internationaler Fotografen. Die Galerie spezialisiert sich auf zeitgenössische Fotografie, die von unabhängigen Arbeiten bis hin zu Dokumentarfotografie reicht. Bei vergangenen Ausstellungen wurden u. a. Werke von Ellen von Unwerth, Paul Huf, Han Singels und Michael Wolf gezeigt.

323 **GALERIE RON MANDOS**
Prinsengracht 282
Jordaan ①
+31 (0)20 320 70 36
www.ronmandos.nl

Wer die geräumige Galerie mit ihren weißen Wänden und hohen Decken betritt, fühlt sich in den Meatpacking District von New York versetzt. Ron Mandos zeigt Werke aufstrebender moderner Künstler. Er ist für seine jährlichen Ausstellungen bekannt, bei denen die besten Werke von Absolventen der Rijksacademie gezeigt werden. Mandos ist auch ein überzeugter Förderer der Videokunst: In den letzten 13 Jahren hat er mindestens 20 Videoausstellungen organisiert.

324 **GO GALLERY**
Prinsengracht 64
Jordaan ①
+31 (0)20 422 95 80
www.gogallery.nl

Die Inhaber Oscar van der Voorn und Farud Cambatta haben sich der Förderung von Graffiti- und Straßenkünstlern verschrieben. Sie zeigen Werke von Amsterdamer Künstlern wie Ives.One, Kamp Seedorf, Zaira und Max Zorn und geben auch Graffitis für öffentliche Flächen in Auftrag. Daneben befindet sich das Wandgemälde des Duos The London Police.

325 **ANNET GELINK GALLERY**
Laurierstraat 187–189
Jordaan ①
+31 (0)20 330 20 66
www.annetgelink.com

Seit ihrer Eröffnung im Jahr 2000 hat sich die Galerie schnell zu einer führenden in der modernen Kunstszene entwickelt. Annet Gelink nimmt an allen großen Kunstmessen, wie der Art Basel, der Art Basel Miami Beach und dem Frieze Art Fair teil. Die Galerie fördert auch Werke junger Talente wie Yael Bartana, David Maljkovic und Ryan Gander. Ein Raum nebenan präsentiert die Archive des Fotografen Ed van der Elsken.

Die 5 besten

KINOS

326 **THE MOVIES**
Haarlemmer-dijk 161-163
Haarlemmer-Viertel ①
+31 (0)20 638 60 16
www.themovies.nl

The Movies wurde 1912 gegründet und ist das älteste Kino der Stadt. Obwohl das Gebäude im Laufe der Jahre erweitert wurde, strahlt es immer noch das Flair der Jahrhundertwende aus, vor allem Raum Eins, der im Art-déco-Stil gehalten ist. Im Kino laufen Arthouse-Filme, und es gibt ein hübsches Café-Restaurant.

327 **DE UITKIJK**
Prinsengracht 452
Südlicher Grachten-gürtel ③
+31 (0)20 223 24 16
www.uitkijk.nl

De Uitkijk wurde 1929 eröffnet. Das Gebäude war schon vorher ein Kino, aber der Direktor Mannus Franken wollte, inspiriert von den Avantgarde-Kunstkinos in Paris, daraus ein Kino machen, das statt Unterhaltung Kunst zeigt. Heute wird das kleine Filmtheater von einer Gruppe engagierter Studenten geführt und zeigt Programmfilme für Cineasten.

328 **LAB111**

Arie Biemond-straat 111
Amsterdam-West ④
+31 (0)20 616 99 94
www.lab111.nl

Das Krankenhaus Wilhelmina Gasthuis wurde 1893 gegründet. Nach seiner Schließung (1983) wurde es zu einem Wohnkomplex umgebaut, aber das W.G.-Terrain hat auch Arbeitsbereiche für Künstler. Aus dem früheren pathologischen Anatomielabor wurde das LAB111, ein Kino, das völlig andere Filme als die meisten anderen im Programm hat. Außerdem befinden sich hier ein Café und ein Restaurant, die beim Vorzeigen der Kinokarte Rabatt gewähren.

329 **RIALTO**

Ceintuurbaan 338
De Pijp ③
+31 (0)20 676 87 00
www.rialtofilm.nl

Rialto ist ein Nachbarschaftskino im Herzen von De Pijp. Es zeigt hauptsächlich europäische Filme. Außerdem bietet es Spezialprogramme, bei denen internationale Werke, Filmklassiker und Kinderfilme gezeigt werden.

330 **STUDIO K**

Timorplein 62
Indische Buurt ⑤
+31 (0)20 692 04 22
www.studio-k.nu

Das Studio K gehört zur Stiftung Kriterion, einer Studentenorganisation, die ihre Wurzeln in der Widerstandsbewegung des Zweiten Weltkriegs hat. Das Studio wird wie das Kriterion (das sich auf der Roetersstraat 170 befindet) von Studenten geführt. Ursprüngliches Ziel der Stiftung war es, Studenten zur Unabhängigkeit zu verhelfen, indem sie arbeiten und ihr eigenes Geld verdienen konnten. Die Stiftung betreibt auch eine Tankstelle, ein Restaurant und eine Kinderbetreuung.

5 (ehemalige) BADEHÄUSER

331 **MUSEUM AMSTERDAM NOORD**
Zamenhofstraat 28a
Amsterdam-Noord ⑦
+31 (0)6 821 91 182
www.museumamsterdamnoord.nl

Die Gegend galt lange Zeit als abgeschrieben, manche nannten sie sogar das »Sibirien Amsterdams«. Doch das hat sich geändert – 2009 wurde hier das erste Museum eröffnet, das sich der Geschichte dieses Stadtbezirks widmet. Es liegt im ehemaligen Badehaus der bezaubernden Gartenstadt Vogeldorp.

332 **BADHUIS JAVAPLEIN**
Javaplein 21
Indische Buurt ⑤
+31 (0)20 665 12 26
www.badhuis-javaplein.com

Das Badehaus wurde 1942 eröffnet und entwickelte sich schnell zu einem Nachbarschaftstreff. Nach seiner Schließung im Jahr 1982 waren hier zuerst ein Hindutempel und später ein Geschäft für Recyclingprodukte untergebracht. Heute ist es ein Restaurant, das mittags und abends geöffnet hat.

333 **BADHUISTHEATER**
Boerhaaveplein 28
Oosterpark-Viertel ⑤
+31 (0)6 111 73 324
www.badhuistheater.nl

Dieses Badehaus wurde 1921 im Architekturstil der Amsterdamer Schule erbaut. Männer und Frauen mussten das Gebäude getrennt voneinander betreten. 1985, als es abgerissen werden sollte, gründete der Besitzer Mike hier ein kleines, beliebtes Gemeindetheater.

334 BADHUIS EN SAUNA DA COSTA

Da Costakade 200
Amsterdam-West ④
+31 (0)20 612 59 46
www.badhuisdacosta.eu

Das erste Badehaus auf der Da Costakade eröffnete 1903 bei Hausnummer 150. 1968 wurde es abgerissen und an seinem jetzigen Standort wiedereröffnet. Es war das letzte öffentliche Badehaus, das die Stadtverwaltung bauen ließ. In den 1980er-Jahren sollte es geschlossen werden, aber ehrenamtliche Aktivisten retteten es. Es ist bis heute geöffnet.

335 SPLENDOR AMSTERDAM

Nieuwe Uilenburgerstraat 116
Viertel Waterlooplein ②
+31 (0)20 845 33 45
www.splendoramsterdam.com

Eine Gruppe von 50 Musikern verwandelte dieses alte Badehaus 2012 in einen Veranstaltungsort für moderne klassische Musik, Impro-Jazz und Weltmusik. Das städtische Badehaus wurde 1923 erbaut. Im Krieg machten die Nazis ein jüdisches Badehaus daraus. Als es nach Kriegsende geschlossen wurde, zog eine Fahrradfabrik in das Gebäude ein.

331 MUSEUM AMSTERDAM NOORD

332 BADHUIS JAVAPLEIN

Die 5 besten Orte für
KUNST IM ÖFFENTLICHEN RAUM

336 **WANDGEMÄLDE »AAN EEN ROOSJE«**
Jacob van Lennep-straat / Nassaukade
Amsterdam-West ④

Das Wandgemälde des Amsterdamer Künstlers Rombout Oomen entstand 2004 und zeigt eine nackte Frau. Daneben steht das Gedicht »Aan een Roosje« (»An ein Röschen«) von Jacob van Lennep. Nach Protesten von Anwohnern wurden die Schamhaare der Frau verpixelt.

337 **BANDENBOOT**
Oostenburgerdwars-straat
Oostelijke Eilanden ②

1972 wurde Robert Jasper Grootveld mit einem Klettergerüst für Kinder beauftragt. Es wurde ein »Schlauchboot«, mit dem man auf den Wellen »reiten« konnte. Das Boot sollte vor einiger Zeit entfernt werden, doch Mitglieder der Stadtverwaltung konnten sich auf seinen kulturellen Wert berufen.

338 **»DE STAM«**
Frederik Hendrik-plantsoen
Westerpark-Viertel ④

Vor langer Zeit dominierte die Holzindustrie diese Gegend. Joep van Lieshout ließ sich davon inspirieren, als er für den Park diese große Skulptur schuf. Die fünf roten, leicht surrealen Figuren tragen Holzstämme *(stam)* und sollen damit zeigen, dass einst alle Gesellschaftsschichten zusammenarbeiteten.

339 **SCHUTTERSGALERIJ**
Kalverstraat 92
Altstadtzentrum ②
+31 (0)20 523 18 22
www.amsterdam museum.nl

Im 16. und 17. Jahrhundert gaben wohlhabende Niederländer Gruppenporträts in Auftrag. Die berühmtesten dieser sogenannten *schutterstukken* (Bilder von Bürgerwehren) ist Rembrandts »Nachtwache« im Rijksmuseum. Das Amsterdam Museum zeigt eine Auswahl ähnlicher Bilder in der Schuttersgalerij, einer frei zugänglichen Museumsgasse, die parallel zur Kalverstraat verläuft.

340 **»LA DEMEURE HUMAINE«**
Westeinde 1
Südlicher Grachtengürtel ③

Als die Niederländische Nationalbank ihren Hauptsitz in den 1960er-Jahren in dieses Gebäude auf dem Frederiksplein verlegte, beauftragte sie den weißrussischen Bildhauer Ossip Zadkine mit einem Kunstwerk. Das Ergebnis war die 4 m hohe Bronzestatue »La Demeure Humaine« (»Der menschliche Wohnsitz«).

337 BANDENBOOT

Die 5 ungewöhnlichsten

WERKE IM MUSEUMSVIERTEL

341 **VAN GOGHS LETZTES GEMÄLDE**
VAN GOGH MUSEUM
Museumplein 6
Museumsviertel ③
+31 (0)20 570 52 00
www.vangogh museum.nl

»Kornfeld mit Krähen« (1890) galt lange Zeit als letztes Gemälde van Goghs, bevor er Selbstmord beging. Es stellt eine Sackgasse vor dunklem Himmel dar – ein Vorbote dessen, was bald folgen würde. Heute halten Experten das Bild »Baumwurzeln« (1890) für das letzte, da van Goghs baldiger Tod das unregelmäßige, unvollendete Erscheinungbild des Gemäldes erkläre. Beide Werke sind im Museum ausgestellt.

342 **JAPANISCHE TEMPELWACHEN**
RIJKSMUSEUM
Museumstraat 1
Museumsviertel ③
+31 (0)20 674 70 00
www.rijksmuseum.nl

Das Rijksmuseum ist für seine berühmten Gemälde von Rembrandt, Vermeer und Frans Hals bekannt. Aber die riesige Dauerausstellung des Museums umfasst viele Jahrhunderte der Weltgeschichte. Seit Kurzem sind in der Asiengalerie zwei Statuen zu sehen, die einst das Tor eines japanischen Tempels aus dem 14. Jahrhundert bewachten. Sie sollten das Böse fernhalten – daher auch ihr grimmiges Aussehen.

343 BÜCHERTRUHE VON HUGO GROTIUS

RIJKSMUSEUM
Museumstraat 1
Museumsviertel ③
+31 (0)20 674 70 00
www.rijksmuseum.nl

Der außergewöhnlich begabte Rechtsgelehrte Hugo Grotius – oder Hugo de Groot – lebte im 17. Jahrhundert. Er wurde in einen Konflikt zwischen den Zivil- und Religionsbehörden verwickelt und zu lebenslanger Haft verurteilt, konnte am 22. März 1621 aber fliehen. Er soll in der hölzernen Büchertruhe geflohen sein, die im Rijksmuseum ausgestellt ist.

344 KASIMIR-MALEWITSCH-SAMMLUNG

STEDELIJK MUSEUM
Museumplein 10
Museumsviertel ③
+31 (0)20 573 29 11
www.stedelijk.nl

Das Stedelijk-Museum besitzt eine große Sammlung von Gemälden, Zeichnungen und Skizzen des russischen Futuristen Kasimir Malewitsch. Die Sammlung wurde von dem russischen Autor und Kunstsammler Nikolai Chardschijew zusammengetragen, der viele Futuristen persönlich kannte, und hat in den 1990er-Jahren ihren Weg nach Amsterdam gefunden.

345 »THE BEANERY« VON EDWARD KIENHOLZ

STEDELIJK MUSEUM
Museumplein 10
Museumsviertel ③
+31 (0)20 573 29 11
www.stedelijk.nl

Das Beste an »The Beanery« (1965), einem Werk des amerikanischen Künstlers Edward Kienholz, ist, dass man es selbst betreten kann. Das Werk ist ein Nachbau der Lieblingsbar des Künstlers, die sich in Los Angeles befand. Er hat die Flaschen, Poster, die Jukebox und sogar die Bar kopiert. Alles sieht echt aus, außer die Menschen, die allesamt Bekannte des Künstlers sind – sie haben Uhren anstelle von Köpfen.

Die 5 besten Orte für
KLASSISCHE MUSIK

346 **WAALSE KERK**
Walenpleintje 159
Altstadtzentrum ②
+31 (0)20 623 20 74
www.dewaalsekerk.nl

Die wallonische Kirche wurde 1496 als katholisches Kloster erbaut. Als der Protestantismus aufstieg, wurden die Katholiken aus der Stadt vertrieben. Und als Amsterdam 1578 seine katholische Regierung absetzte, wurde die Kirche zu einem Zufluchtsort für wallonische Protestanten und Hugenotten, die aus dem Süden der Niederlande und aus Frankreich hierher flohen. Einmal in der Woche finden in der Kirche Konzerte statt.

347 **ORGELPARK**
Gerard Brandtstraat 26
Amsterdam-Zuid ⑥
+31 (0)20 515 81 11
www.orgelpark.nl

Die renovierte Park-Kirche aus dem 20. Jahrhundert ist heute ein Veranstaltungsort, der Orgelkonzerte mit Vorstellungen von klassischer, improvisierter und Jazz-Musik kombiniert. Orgelpark veranstaltet auch Film- und Tanzvorführungen mit begleitender Orgelmusik.

348 MUZIEKGEBOUW AAN 'T IJ

Piet Heinkade 1
Oostelijke Eilanden ②
+31 (0)20 788 20 00
www.muziekgebouw.nl

Diese Konzerthalle ist das Zentrum für zeitgenössische klassische Musik in Amsterdam. Sie hat zwei Bühnen, die für ihre gute Akustik bekannt sind und sich daher für verschiedenste Musikgenres eignen. Von der großen Terrasse des Café-Restaurants im Erdgeschoss kann man wunderbar den Sonnenuntergang über dem Fluss IJ beobachten.

349 HET CONCERTGEBOUW

Concertgebouwplein 10
Museumsviertel ③
0900 6718345
www.concertgebouw.nl

Het Concertgebouw ist seit den 1890er-Jahren die berühmteste Konzerthalle für klassische Musik in den Niederlanden. Jedes Jahr werden hier über 900 Konzerte veranstaltet. Von September bis Juni finden jeden Mittwoch um 12.30 Uhr kostenlose Mittagskonzerte statt. Das Programm wird eine Woche im Voraus bekannt gegeben und beinhaltet Probe-Aufführungen des Königlichen Concertgebouw-Orchesters, Konzerte talentierter junger Musiker sowie zeitgenössische Musik.

350 NEDPHO DOME

Batjanstraat 3
Indische Buurt ⑤
+31 (0)20 521 75 00
www.orkest.nl

Das Niederländische Philharmonie-Orchester hat seinen Hauptsitz in der renovierten, ehemaligen katholischen Kirche Gerardus Majella im Viertel Indische Buurt. Damit ist es das einzige Orchester in den Niederlanden, das eine so wunderschöne, gut ausgestattete Konzerthalle ganz für sich allein hat. Mehrmals in der Woche finden hier Konzerte statt.

Die 5 besten Orte für
LIVEMUSIK

351 **BITTERZOET**
Spuistraat 2
Altstadtzentrum ②
+31 (0)20 421 23 18
www.bitterzoet.com

Rote Buntglasfenster mit Aktdarstellungen, eine Raucherlounge mit gemütlichen Sofas im Obergeschoss und ein Restaurant für asiatische Küche nebenan – das sind nur einige Vorzüge, die Bitterzoet zu bieten hat. Der intime Club ist für seine R&B- und Hip-Hop-Partys bekannt, veranstaltet aber auch regelmäßig Livekonzerte, die von Rock, Soul und Funk bis hin zu Elektromusik und Hip-Hop reichen.

352 **MELKWEG**
Lijnbaansgracht 234a
Südlicher Grachtengürtel ③
+31 (0)20 531 81 81
www.melkweg.nl

In den frühen 1970er- Jahren wurde die alte Milchfabrik zu einem Kulturzentrum ausgebaut, das über eine Musik- und Theaterhalle, ein Teehaus und ein Restaurant verfügt. Im Lauf der Jahre wurde Melkweg erweitert und besitzt nun zwei Konzerthallen im Erdgeschoss, einen Ausstellungsraum und ein Restaurant sowie ein Kino und ein Theater im oberen Stock. Im Melkweg findet auch das jährliche Elektromusik-Festival 5 Days Off statt.

353 PARADISO

Weteringschans 6–8
Südlicher Grachtengürtel ③
+31 (0)20 626 45 21
www.paradiso.nl

Die ehemalige Kirche wurde in den 1960er-Jahren besetzt und in ein »kosmisches Entspannungszentrum« umgewandelt. Heute ist Paradiso eine der legendärsten Konzerthallen in Amsterdam. Sie trägt den Spitznamen »Poptempel«. Die Halle im Erdgeschoss hat mit ihren Buntglasfenstern und hohen Decken immer noch eine tolle kirchlich-spirituelle Atmosphäre. Das Paradiso ist zugleich ein Nachtclub.

354 AMSTERDAMSE BOSTHEATER

De Duizendmeterweg 7
Amstelveen (Vorort)
+31 (0)20 670 02 50
www.bostheater.nl

Im Sommer ist das Amsterdamse Bos mit seiner märchenhaften Freiluftlage der beliebteste Ort für Theateraufführungen und Konzerte. Der Wald dient als Kulisse für die Bühne, die Zuschauer sitzen auf Holzbänken und trinken Wein. An kühlen Abenden werden Decken zur Verfügung gestellt. Vor der Show kann man an den Imbisswagen am Eingang Snacks und Getränke kaufen.

355 ROODE BIOSCOOP

Haarlemmerplein 7
Haarlemmer-Viertel ①
+31 (0)20 625 75 00
www.roodebioscoop.nl

Im frühen 20. Jahrhundert betrieb der Sozialist und Anarchist Gerhard Rijnders hier ein Kino. Er war ein Anhänger von Ferdinand Domela Nieuwenhuis (dessen Statue gegenüber vom Eingang zum Westerpark steht). Heute dient das Gebäude als Musik-, Theater- und Poesieclub und ist für seine sonntäglichen Nachmittagsshows, die Roode Zondagen (rote Sonntage), bekannt.

Die 5 besten Orte für

JAZZ

356 **BIMHUIS**
Piet Heinkade 3
Oostelijke Eilanden ②
+31 (0)20 788 21 50
www.bimhuis.nl

Bimhuis ist seit den 1970er-Jahren ein führender Jazzclub. Bevor er 2005 an diesen Standort zog, lag er in der Nähe des Rotlichtviertels. Bimhuis teilt sich ein Gebäude mit Muziekgebouw aan't IJ, einer Konzerthalle für zeitgenössische Musik. Es treten etablierte Künstler, junge Talente und Musikschüler auf.

357 **JAZZ CAFÉ ALTO**
Korte Leidsedwarsstraat 115
Südlicher Grachtengürtel ③
+31 (0)6 270 70 332
www.jazz-cafe-alto.nl

Das Alto hat die Atmosphäre eines Underground-Jazzclubs. Es wurde 1953 eröffnet und ist eines der ältesten Jazzcafés in Amsterdam. Täglich finden Jazz- und Blueskonzerte statt. Der Club öffnet täglich 21 Uhr und schließt in den frühen Morgenstunden.

358 **ZAAL 100**
De Wittenstraat 100
Westerpark-Viertel ④
+31 (0)20 688 01 27
www.zaal100.nl

»Von Hausbesetzern zu Hütern der Kultur« – so beschrieben die Gründer von Zaal 100 sich selbst. 1984 bauten einige Hausbesetzer eine Mädchenschule zum Club für progressiven Jazz um. Er wurde 1992 legalisiert, ist seinen Wurzeln aber treu geblieben und bietet nach wie vor ein hochinnovatives Programm.

359 CAFÉ NEL

Amstelveld 12
Südlicher Grachtengürtel ③
+31 (0)20 626 11 99
www.nelamstelveld.nl

Montagabends ab 21 Uhr dreht sich im Café Nel alles um Jazz. Man kann hier essen oder einfach nur etwas trinken und die Musik genießen. Die Jazz-Sessions ziehen oft Musiker an, die im Laufe des Abends selbst auf die Bühne klettern und mitmachen. Im Nel sind bereits Künstler wie Marcus Miller und Caro Emerald aufgetreten. Die Konzerte sind kostenlos.

360 ON THE ROOF FESTIVAL

IM GEBÄUDE OP ZEEZAND
Johan van Hasseltweg 39
Amsterdam-Noord ⑦
www.on-the-roof.com

Das Festival findet an zehn Wochenenden zwischen Juni und September statt. Auf einer Dachterrasse in Amsterdam-Nord können Besucher in intimer Umgebung (nur 100 Sitzplätze) Konzerte erleben, bei denen sich überraschende Künstler entdecken lassen, die nicht in die Mainstream-Genres passen. Von Jazz bis hin zu Welt- und klassischer Musik ist alles dabei.

359 CAFÉ NEL

Die 5 kleinsten
THEATER

361 **TORPEDO THEATER**
Sint Pieters-poortsteeg 33
Altstadtzentrum ②
+31 (0)20 428 49 93
www.torpedotheater.nl

Das winzige Theater in einer schmalen Gasse des Rotlichtviertels ist leicht zu übersehen. Das Gebäude wurde einst als Puppentheater genutzt. Auf dem Programm stehen Talkshows, Literaturabende sowie Auftritte von Sängern/Songwritern und Komikern.

362 **BETTY ASFALT COMPLEX**
Nieuwezijds Voorburgwal 282
Altstadtzentrum ②
+31 (0)20 626 46 95
www.bettyasfalt.nl

Der Komplex gehört dem Theatermacher, Fernsehautor und Komiker Paul Haenen, der für seine Satiren im niederländischen Fernsehen bekannt ist. Das Theater befindet sich in einem Nationaldenkmal aus dem frühen 18. Jahrhundert. Auf dem Programm stehen Kabarett- und Konzertabende sowie Lesungen.

363 **VEEM HOUSE FOR PERFORMANCE**
Van Diemenstraat 408–410
Haarlemmer-Viertel ①
+31 (0)20 626 01 12
www.veem.house

Das Theater bietet Aufführungen, die an der Grenze zwischen Tanz und darstellender Kunst liegen. Es befindet sich im Veem, einem Gebäude, das Arbeitsflächen an kleine Unternehmen, Künstler und Kunsthandwerker vermietet. Der Speicher aus dem 19. Jahrhundert wurde 1981 von Hausbesetzern eingenommen.

364 DE KLEINE KOMEDIE

Amstel 56-58
Viertel Waterlooplein ②
+31 (0)20 624 05 34
www.dekleinekomedie.nl

Das progressive Kabarett beflügelte die Karrieren vieler beliebter Komiker. Sein Ruf und die kleinen Räume (es hat nur 503 Sitzplätze) machen es zum beliebtesten Kabarett für niederländische Komik. Seine Geschichte reicht bis ins Jahr 1786 zurück. Im Zweiten Weltkrieg wurde es als Parkhaus für Fahrräder und ab 1948 wieder als Theater genutzt.

365 PODIUM MOZAÏEK

Bos en Lommerweg 191
Amsterdam-West ④
+31 (0)20 580 03 80
www.podiummozaiek.nl

Die einstige Reformationskirche Pniëlkerk im Stadtviertel Bos en Lommer wurde Anfang des 21. Jahrhunderts zu einem Theater umgebaut. Es hat Weltmusik, Kabarett sowie Theater- und Tanzaufführungen niederländischer und internationaler Künstler im Portfolio. Das Theatercafé serviert Gerichte aus aller Welt und hat eine große Terrasse.

365 PODIUM MOZAÏEK

5 *besondere*
BANDS AUS AMSTERDAM

366 **THE EX**
www.theex.nl

The Ex ist eine weltweit bekannte Underground-Punkband. Sie wurde 1979 von Mitgliedern der Hausbesetzerszene gegründet. Die Band lebte und spielte in besetzten Häusern und produzierte viele ihrer Alben selbst. In ihren Texten geht es um die Hausbesetzerszene, die Bürgerkriege in Lateinamerika und Arbeitsstreiks in ganz Europa.

367 **BETTIE SERVEERT**
www.bettieserveert.com

Palomine ist eines der meistverkauften Alben im Plattenladen Concerto. Es wurde vor Kurzem auch neu auf Vinyl veröffentlicht. Das bahnbrechende Album von Bettie Serveert (Bettie serviert), einer Indie-Rockband, die nach der niederländischen Tennisspielerin Betty Stöve benannt ist, erschien erstmals 1992. Die Band ist seit den frühen 1990er-Jahren erfolgreich und tourte lange Zeit durch die USA.

368 WEVAL

weval.bandcamp.com

Merijn Scholte Albers und Harm Coolen lernten sich an der Filmhochschule kennen, machten aber bald zusammen Elektromusik. 2013 gaben sie ihr erstes Livekonzert – von da an ging es mit ihrer Karriere steil bergauf. Ihre hypnotische, gut tanzbare Musik weist Einflüsse von Trip-Hop, Rock und Jazz auf.

369 MOKE

www.mokemusic.com

Einige meinen, der Bandname Moke sei eine Ableitung von Mokum, einem Spitznamen für Amsterdam. Die Bandmitglieder verneinen das allerdings – trotzdem sind sie typische Amsterdamer Musiker. Sie spielen eine Mischung aus Indie-Rock und Britpop. Zu ihren beliebtesten Songs gehören »Switch« und »Last Tune«. Die Band ist beim Plattenlabel Excelsior verpflichtet, das mehrere niederländische Indie-Bands unter Vertrag hat.

370 MOSS

www.mosstheband.com

Moss ist eine der vielen lokalen Bands, die in ihren frühen Jahren im Vondelpark probten. Ihre Songs sind sehr komplex. Vor einiger Zeit ließen sie einen potenziellen Hit von ihrem Album entfernen. Er war zu einfach, sagten sie. Ihr zweites Album »Never Be Scared/Don't Be a Hero«, erschienen 2009, hat sich zu einem niederländischen Musikklassiker entwickelt.

Die 5 besten Orte für
DEBATTEN UND LITERATUR

371 **DE BALIE**
Kleine-Garman-plantsoen 10
Südlicher Grachten-gürtel ③
+31 (0)20 553 51 00
www.debalie.nl

Das Debattierzentrum De Balie auf dem Leidseplein ist seit den 1980er-Jahren ein Ort für Diskussionen zu politischen und kulturellen Themen. Es veranstaltet auch Kunstprojekte und hat ein kleines Kino, ein Theater sowie ein Café und Restaurant. Gelegentlich finden Veranstaltungen auf Englisch statt.

372 **MEDIAMATIC**
Dijkspark 6
Oostelijke Eilanden ②
+31 (0)20 638 99 01
www.mediamatic.net

Mediamatic ist eine Plattform für Neue Kunst und Kultur, die sich vor allem mit Natur und Biotechnologie befasst. Ihr Hauptsitz – und Gewächshaus – wird genutzt, um Menschen mit verschiedenen Backgrounds zu vernetzen. Mediamatic organisiert Workshops über Hydrokultur und den Einsatz von Pilzen als Biomaterial, aber auch Lesungen und Ausstellungen mit Biokünstlern und -designern.

373 **PERDU**
Kloveniersburgwal 86
Altstadtzentrum ②
+31 (0)20 627 62 95
www.perdu.nl

Perdu wird von 40 Freiwilligen betrieben und hat sich der Literatur verschrieben. Es ist ein Treffpunkt für Lesungen und Debatten, die Inhaber besitzen aber auch einen Buchladen und einen Verlag.

374 PAKHUIS DE ZWIJGER

Piet Heinkade 179
Oostelijk Eilanden ②
+31 (0)20 624 63 80
www.dezwijger.nl

Das ehemalige *pakhuis* (Lagerhaus) wurde in den 1930er-Jahren als Depot für leicht verderbliche Waren erbaut. Später wurde es besetzt und diente Musikern wie Herman Brood und Loïs Lane als Proberaum. 2006 eröffnete hier ein innovatives Debattierzentrum mit Schwerpunkt auf urbanen Themen, Stadtpolitik sowie kreativen und Bottom-up-Initiativen.

375 FELIX MERITIS

Keizersgracht 324
Altstadtzentrum ②
+31 (0)20 627 94 77
www.felixmeritis.nl

Das renommierte Kulturzentrum Felix Meritis wurde 1777 von einem Verband reicher Bürger gegründet. Nach dem Krieg zog hier die Kommunistische Partei der Niederlande ein, und das Gebäude wurde ein beliebter Treffpunkt von Avantgarde-Musikern und Theatermachern. Als es 2014 schloss, kaufte ein Unternehmer das Zentrum. Es wird zurzeit renoviert und soll 2019 wiedereröffnen.

374 PAKHUIS DE ZWIJGER

387 GEITENBOERDERIJ RIDAMMERHOEVE

30 ORTE FÜR KINDER

Die 5 besten
SPIELPLÄTZE

376 **BOUWSPEELPLAATS HET LANDJE**
Rembrandtpark 1
Amsterdam-West ④
+31 (0)20 618 36 04

Ein 1972 eröffneter Abenteuerspielplatz, auf dem schon viele Generationen von Kindern herumgetollt sind. Hier können die Kids Buden bauen, auf Bäume klettern, Tiere streicheln, auf Ponys reiten, Kunst und Kunsthandwerk erlernen, kochen und paddeln. Het Landje liegt auf einer Insel; Kinder zwischen 6 und 14 Jahren können hier ungehindert herumtollen und sich schmutzig machen. Der Spielplatz hat von Mittwoch bis Sonntag geöffnet.

377 **TUNFUN**
Mr. Visserplein 7
Viertel Waterlooplein ②
+31 (0)20 689 43 00
www.tunfun.nl

Rollerskaten, Trampolinspringen, Kugelbäder, ein Fußballplatz und ein aufblasbarer Survival-Parcours: Das sind nur einige Attraktionen des riesigen unterirdischen Spielplatzes. Er liegt in der alten Verkehrsunterführung am Waterlooplein und wurde für Kinder aller Altersgruppen gebaut, damit die kleinen nicht von den älteren, wilderen Kindern umgeworfen werden. Ein tolles Ziel an Regentagen!

378 HET WOESTE WESTEN

Overbrakerpad 3
Westerpark-Viertel ④
www.woestewesten.nl

Ein Naturspielplatz, auf dem Kinder sich schmutzig machen können. Sie dürfen hier Frösche, Fische und Insekten suchen, in einem Fluss baden, Wildblumen pflücken, Buden bauen und am Lagerfeuer Brot backen. Außerdem die verschiedenen Inseln ungehindert erkunden. Beim Spielen lernen sie viel über die Natur. Es ist auch immer ein Betreuer vor Ort – trotzdem Vorsicht bei kleinen Kindern wegen des Wassers!

379 JEUGDLAND

Valentijnkade 131
Watergraafsmeer ⑤
+31 (0)20 463 69 12
www.maakland.nl

Hier kann man Gokart fahren und lernen, mit Hammer und Säge zu arbeiten, eine Bude zu bauen oder Kuchen zu backen. Der Spielplatz bietet endlose Möglichkeiten. Selbst bei Regen gibt's drinnen genug zu tun – die Kinder können Tischtennis, Tischfußball und anderes spielen oder malen. Es gibt auch einen Streichelzoo mit einem Pferd namens DJ und den zwei Eseln Kobus und Liesje.

380 AMSTELPARK

Amstelpark 18
Amsterdam-Zuid ⑥
+31 (0)20 644 17 44
www.speeltuin-amstelpark.nl

Der Amstelpark wurde 1972 für die Floriade, eine internationale Gartenausstellung, gebaut. Der wunderschön gestaltete Park bietet auch jede Menge Aktivitäten für Kinder: einen großen Spielplatz mit Schaukeln und Rutschen, ein Labyrinth, einen Minizug, einen Streichelzoo und einen Minigolfplatz. Nicht vergessen, sich selbst und den Kleinen eine große Kugel italienisches Eis von De IJstuin zu gönnen!

Die 5 besten

MUSEEN FÜR KINDER

381 **TASSENMUSEUM HENDRIKJE**
Herengracht 573
Südlicher Grachtengürtel ③
+31 (0)20 524 64 52
www.tassenmuseum.nl

Dieses Museum ist wirklich toll für Kinder! Es zeigt Taschen aus Schildkrötenpanzern mit Perlenintarsien oder moderne Taschen in Form von Cupcakes und Coca-Cola-Dosen. Kinder können an Schnitzeljagden und Sonderführungen teilnehmen.

382 **VERZETSMUSEUM JUNIOR**
Plantage Kerklaan 61
Plantage-Viertel ②
+31 (0)20 620 25 35
www.verzetsmuseum.org

Im Widerstandsmuseum lernen Kinder etwas über den Zweiten Weltkrieg durch die Geschichten von vier Zehnjährigen: Nelly, Henk, Eva und Jan. Ihre Erfahrungen – als jüdisches Mädchen oder als Sohn eines Widerstandskämpfers – erwecken die Geschichte zum Leben. Ein fantastisches, interaktives Erlebnis.

383 **NEMO SCIENCE CENTRE**
Oosterdok 2
Altstadtzentrum ②
+31 (0)20 531 32 33
www.e-nemo.nl

Der riesige grüne »Schiffsrumpf« ist nicht zu übersehen. Der moderne Bau wurde für Kinder gemacht, aber auch Erwachsene können hier lernen. Das Motto: »Finde selbst heraus, wie die Welt funktioniert«. Man erfährt, warum sich im Winter die Nackenhaare sträuben und lernt, einen Deich zu bauen.

384 TROPENMUSEUM JUNIOR

Linnaeusstraat 2
Oosterpark-Viertel ⑤
+31 (0)88 004 28 40
www.tropenmuseum junior.nl

Als das Museum 1975 eröffnete, hatte es das Problem, dass zu viele Kinder kamen. Die Händler und Besucher des Dappermarkts luden gern ihre Sprösslinge hier ab, und die kreischenden Kids brauchten Beschäftigung. Das preisgekrönte Museum zeigt interaktive Ausstellungen, bei denen verschiedene Kulturen aus der ganzen Welt vorgestellt werden.

385 STEDELIJK MUSEUM / FAMILY LAB

Museumplein 10
Museumsviertel ③
+31 (0)20 573 29 11
www.stedelijk.nl/ educatie/families

Im Family Lab kann man sein eigenes Willem-de-Kooning-Gemälde malen oder einen Matisse-Scherenschnitt anfertigen. Es gibt Schnitzeljagden und Familien-(Audio-)Touren, bei denen interaktive Aufgaben rund um die modernen Kunstwerke des Museums gelöst werden müssen. Sonntagnachmittags finden Workshops mit Künstlern und Designern statt (aber meist auf Niederländisch).

381 TASSENMUSEUM HENDRIKJE

Die 5 besten Orte für
SPASS IM FREIEN

386 **KINDERBOERDERIJ WESTERPARK**
Overbrakerpad 10
Westerpark-Viertel ④
+31 (0)20 682 21 93
www.kinderboerderij westerpark.nl

Der Streichelzoo hat viele verschiedene Ziegen, Schafe, Ponys und eine Kuh namens Teuke, aber auch Kaninchen und Meerschweinchen. Außerdem einen großartigen Spielplatz – ein schöner Zwischenstopp bei einem Spaziergang durch den Westerpark. Und auf der Terrasse kann man Kaffee oder Limonade trinken.

387 **GEITENBOERDERIJ RIDAMMERHOEVE**
Nieuwe Meerlaan 4
Amsterdamse Bos / Amstelveen
+31 (0)20 645 50 34
www.geitenboerderij.nl

Auf diesem Bauernhof streifen Milchziegen durch große Ställe. Die neugierigen Tiere lassen sich gern streicheln. Man darf die Jungen sogar mit Milch füttern. Es gibt ein hübsches Selbstbedienungsrestaurant und ein Geschäft, das Produkte aus Ziegenmilch verkauft.

388 **ARTIS**
Plantage Kerklaan 38-40
Plantage-Viertel ②
0900 2784796
www.artis.nl

Der alte Stadtzoo hat aus den alten, engen Käfigen natürliche, weiträumige Gehege gemacht. Man sollte unbedingt das Vogel- und Affenhaus besuchen, in dem winzige Affen über den Köpfen der Besucher herumspringen, große Leguane frei herumlaufen und Fledermäuse von der Decke hängen – alles im selben Raum!

389 KINDERBOERDERIJ DE UYLENBURG

Staalmeesterslaan 420
Nieuw-West ④
+31 (0)20 618 52 35
www.kinderboerderij-uylenburg.nl

Der kleine Streichelzoo liegt am äußersten Rand des Rembrandtparks, in der Nähe des Ramada Apollo Hotels. Hier leben Ziegen, Schweine, Pferde und zahlreiche Kleintiere wie Kaninchen, Hühner und Truthähne. Man kann für 50 Cent Futter für die Tiere kaufen. Es gibt auch einen kleinen Spielplatz und eine hübsche Terrasse für eine kleine Pause.

390 FUN FOREST

Bosbaanweg 3
Amsterdamse Bos/
Amstelveen
+31 (0)88 369 70 00
www.funforest.nl

Mit einer Seilrutsche durch die Baumkronen fliegen, Leitern hochklettern und auf dünnen Strickleitern balancieren: Es gibt neun verschiedene Parcours in diesem Baumpark, die für Kinder ab 4 Jahren geeignet sind. Das dreistündige Klettererlebnis ist auch toll für Erwachsene, obwohl einiges ausschließlich auf Kinder ausgerichtet ist.

390 FUN FOREST

5 *kinderfreundliche* CAFÉS/RESTAURANTS

391 KANARIE CLUB

Bellamyplein 51
Amsterdam-West ④
+31 (0)20 218 17 75
www.kanarieclub.nl

Kanarie Club liegt am Ende von De Hallen, einem alten Straßenbahndepot, das zu einem Unterhaltungszentrum mit Restaurant, Imbissständen, einem Hotel, einem Kino, einer Bibliothek sowie Galerien und Geschäften umgewandelt wurde. Das Restaurant hat eine große Sonnenterrasse, und die Kinderkarte bietet Toasties, Miniburger und Eisbecher zum Dessert. Das Restaurant hat ganztags geöffnet.

392 BOERDERIJ MEERZICHT

Koenenkade 56
Amsterdamse Bos / Amstelveen
+31 (0)20 679 27 44
www.boerderijmeerzicht.nl

Der Bauernhof am Rand von Amsterdamse Bos ist ein beliebter Ort zum Entspannen. Das Selbstbedienungslokal serviert hauptsächlich Pfannkuchen, hat aber auch Sandwiches im Angebot. Das wahre Highlight ist aber die große Terrasse. Die Eltern können sich ausruhen, während ihre Kinder herumtoben und den Spielplatz oder Streichelzoo (mit Hirschen und Pfauen!) erkunden.

393 **VONDELTUIN**

Vondelpark 7
Amsterdam-Zuid ⑥
+31 (0)6 275 65 576
www.devondeltuin.nl

Am Südrand des Vondelparks liegt der lauschige Vondelgarten, ein perfekter Ort, an dem Kinder spielen und Erwachsene dabei etwas trinken können. Die Terrasse ist umzäunt, also können die Kids in Ruhe herumtollen. Das Café serviert eine gute Auswahl von Snacks und einfachen Hauptspeisen. Im Winter bleibt es geschlossen.

394 **LUNCHROOM LASTIG**

Christiaan Huygensplein 33
Watergraafsmeer ⑤
+31 (0)20 35 41 676
www.lunchroomlastig.nl

Indonesisches *nasi kuning* und holländische *wentelteefjes* (French Toast) auf derselben Karte: Besser wird's nicht! Lunchroom Lastig (*lastig* heißt so viel wie »schwierig«) serviert typisch holländische und indonesische Gerichte zum Frühstück und Mittagessen. Das Lokal wirkt wie ein Wohnzimmer, hat aber ein besonderes Extra zu bieten: einen 40 m^2 großen Spieleraum.

395 **PACIFIC PARC**

Polonceaukade 23
Westerpark-Viertel ④
+31 (0)20 488 77 78
www.pacificparc.nl

Pacific Parc liegt am Rand des früheren Gaswerks im Westerpark und hat eine große Sonnenterrasse. Im Speiseraum knistert an kühlen Tagen ein Kaminfeuer. Ein schönes, geräumiges Restaurant zum Kaffeetrinken oder Mittagessen mit genug Platz für die Kids zum Herumtoben. Abends gibt's Cocktails und Tanzveranstaltungen für Erwachsene.

Die 5 besten

KINDERLÄDEN

396 **GOOCHEM SPEELGOED**
Eerste Constantijn Huygensstraat 80
Amsterdam-West ④
+31 (0)20 612 47 04
www.goochem.nl

Das familiengeführte Geschäft stellt seit den frühen 1980er-Jahren Spielzeug aus Naturmaterialien her. Anfangs wurden sie in der hauseigenen Werkstatt verkauft, doch bald eröffneten die Inhaber einen großen Laden, in dem sie heute über 75 verschiedene Marken verkaufen. Man sollte sich unbedingt die wunderschönen Holzspielsachen ansehen.

397 **DE KINDERBOEK-WINKEL**
Rozengracht 34
Jordaan ①
+31 (0)20 622 47 61
www.kinderboekwinkel.nl

Vor dem Laden, den Rietje Nivard 1975 eröffnete, parkt der kleine rote Kranwagen von »Pluck«. Der Buchladen verkauft Klassiker wie »Die kleine Raupe Nimmersatt« und Dick Brunas »Miffy« sowie Hör- und Jugendbücher. Eine zweite Filiale ist auf dem Nieuwezijds Voorburgwal 344.

398 **KNUFFELS**
Sint Antoniebreestraat 51a
Viertel Waterlooplein ②
+31 (0)20 427 38 62
www.pluche.nl

Knuffels (Kuscheltiere) liegt am Eingang einer einstigen U-Bahn-Station. Im Obergeschoss sind Plüschtiere aus aller Welt, unten ist ein Laden für Holzpantoffel untergebracht. Inhaber Bruno Jonker stellt maßgefertigte Holzschuhe in verschiedenen Größen und Farben her.

399 **MECHANISCH SPEELGOED**
Westerstraat 67
Jordaan ①
+31 (0)20 638 16 80

Mechanisch Speelgoed verkauft authentische Spielwaren, zum Beispiel hölzerne Baggerschaufeln, Puppen in allen Größen, Zinnsoldaten sowie Plüschtiere und Bälle. Film- und Zeichentrickfiguren oder laute, batteriebetriebene Spielsachen sucht man hier vergeblich. Man fühlt sich hier ein wenig in die Vergangenheit zurückversetzt.

400 **DE ZAAILING**
Ruysdaelstraat 21-23
Museumsviertel ③
+31 (0)20 679 38 17
www.zaailing.nl

De Zaailing ist ein heller, geräumiger Laden auf einer ruhigen Straße zwischen dem Rijksmuseum und De Pijp. Er zieht hauptsächlich Liebhaber von Naturprodukten an. Zum Verkauf stehen anthroposophische Bücher für Kinder und Erwachsene, Holzspielzeug, Musikboxen, magische Laternen von Trousselier sowie Kleidung für alle Altersgruppen.

396 GOOCHEM SPEELGOED

Die 5 besten

KINDERTHEATER

401 **JEUGDTHEATER DE KRAKELING**
Nieuwe Passeerdersstraat 1
Südlicher Grachtengürtel ③
+31 (0)20 624 51 23
www.krakeling.nl

Das rote Ziegelgebäude im niederländischen Renaissancestil wurde früher als Turnhalle genutzt, dann aber zu einem Jugendtheater ausgebaut. De Krakeling zeigt musikalisch unterlegte Pantomime, Puppenspiele und Tanztheater für Kinder aller Altersgruppen. Die Bühne befindet sich auf einer Ebene mit dem Publikum, was eine intime Atmosphäre schafft.

402 **OOSTBLOK**
Sajetplein 39
Oosterpark-Viertel ⑤
+31 (0)20 665 45 68
www.oostblok.nl

Oostblok ist ein beliebtes Kindertheater, in dem sogar Kleinkinder Vorstellungen besuchen können. Sonntags steigen Shows für Kinder verschiedener Altersgruppen. Oostblok bietet auch Theaterkurse für Sechs- bis Zwölfjährige.

403 **MARIONETTENTHEATER AMSTERDAM**
Nieuwe Jonkerstraat 8
Altstadtzentrum ②
+31 (0)20 620 80 27
www.marionettentheater.nl

In der ehemaligen Schiffsschmiede lebt die Tradition des klassischen europäischen Puppentheaters weiter. Holzpuppen mit weißen Perücken und Samtkostümen treten in Opern auf und singen u. a. Mozarts »Zauberflöte«. Sehr unterhaltsam, auch wenn man kein Niederländisch versteht.

404 **SO WHAT KINDERKONZERTE**

DE DUIF

Prinsengracht 756
Südlicher Grachtengürtel ③
www.sowhat kinder concerten.nl

Einmal im Monat spielen in der Kirche De Duif vier Musiker Klassik, Jazz und fröhliche Lieder für Kinder ab zwei Jahren. Die Konzerte dauern eine Stunde, die Atmosphäre ist locker. Die Kinder werden zum Mitmachen ermutigt: Sie können klatschen, tanzen und singen und bekommen sogar Instrumente, um mit den Musikern zu spielen.

405 **MUZIEKGEBOUW AAN 'T IJ – FÜR KINDER**

Piet Heinkade 1
Oostelijke Eilanden ②
+31 (0)20 788 20 00
www. muziekgebouw.nl/jeugd

Im Muziekgebouw aan 't IJ können Kinder mittwochs und sonntags mit Soundinstallationen spielen und lernen, wie man Klänge erzeugt und komponiert. An den Kindernachmittagen finden Konzerte für verschiedene Altersgruppen statt: Theatershows für die Kleinen und Jazz-Sessions für Kinder ab zehn Jahren.

402 OOSTBLOK

429 HOUSEBOAT MS LUCTOR

25 UNTERKÜNFTE

Die 5 besten

DESIGNHOTELS

406 **ART'OTEL**
Prins Hendrikkade 33
Altstadtzentrum ②
+31 (0)20 719 7200
www.artotel amsterdam.com

Das kürzlich eröffnete Hotel liegt praktisch: im belebten, etwas ungepflegten Touristenviertel am Hauptbahnhof. Die 107 Zimmer sind superschick designt; es dominieren Grautöne, aufgelockert von bunten Farbakzenten. Die Restaurantbar im Erdgeschoss serviert tolle Cocktails.

407 **KAMER 01**
Singel 416
Südlicher Grachtengürtel ③
+31 (0)6 547 76 151
www.kamer01.amsterdam

Auf jeder der drei Etagen des Grachtenhauses aus dem 16. Jahrhundert befindet sich ein üppig dekorierter Raum. Die Hotelzimmer haben Marmorbäder und einen Wohnbereich, im ersten Stock wird Champagnerfrühstück serviert, und die Dachterrasse eignet sich perfekt für einen Drink vor dem Abendessen.

408 **ANDAZ HOTEL**
Prinsengracht 587
Südlicher Grachtengürtel ③
+31 (0)20 523 12 34
www.amsterdamprinsengracht.andaz.hyatt.com

Die Räume der ehemaligen öffentlichen Bibliothek sind eine Explosion aus Farben, Formen und hellen Lichteffekten. Der Designer Marcel Wanders hat das Fünfsternehotel in Reminiszenz an das Goldene Zeitalter designt und die Bäder mit modernen Delfter-Blau-Fliesen dekoriert.

409 **LLOYD-HOTEL**
Oostelijke Handelskade 34
Oostelijke Eilanden ②
+31 (0)20 561 36 07
www.lloydhotel.com

Das Lloyd wurde in den 1920er-Jahren als Heim für Amerika-Auswanderer errichtet. Später wurde es als Gefängnis genutzt und schließlich zum Hotel ausgebaut. Die 117 Zimmer (mit unterschiedlichen Standards) wurden von verschiedenen Künstlern designt. Das Hotel bietet ein Restaurant mit großer Sonnenterrasse und eine Bibliothek mit etwa 2000 Kunstbüchern.

410 **VOLKSHOTEL**
Wibautstraat 150
Oosterpark-Viertel ⑤
+31 (0)20 261 2100
www.volkshotel.nl

Die alten »Volkskrant«-Zeitungsgebäude haben eine neue Verwendung gefunden: 2014 eröffnete hier das Volkshotel. Es bietet kleine Standardzimmer, eine Suite (mit Fahrrad-Deko) und einen Johnny-Jukebox-Raum für Musikfans. Im Obergeschoss gibt's ein Restaurant und einen Club mit spektakulärem Blick auf die Stadt. Auf dem Dach befinden sich ein Whirlpool und eine Sauna.

408 ANDAZ HOTEL

Die 5

UNGEWÖHNLICHSTEN UNTERKÜNFTE

411 **FARALDA NDSM KRANHOTEL**
NDSM-Plein 78
Amsterdam-Noord ⑦
+31 (0)20 760 61 61
www.faralda.com

Wer auf diesem Hafenkran übernachten will, muss starke Nerven haben, denn die drei Suiten liegen 50 Meter über der Stadt. Es gibt einen Dachpool; Adrenalinjunkies können sogar Bungee springen. Die Zimmer sind luxuriös, haben goldene Decken und blau-lila Liebesnest-Betten, mit ausgestopften Pfauen davor.

412 **HOTEL NOT HOTEL**
Piri Reisplein 34
Amsterdam-West ④
+31 (0)20 820 45 38
www.hotelnothotel.com

In diesem Hotel sind die Zimmer wahre Kunstinstallationen. Eine Gruppe von jungen Designern hat hier intime Schlafbereiche gestaltet: Man kann in einem Straßenbahnwaggon, einem Krähennest oder hinter einem Bücherschrank schlafen. Die Räume sind klein, aber das Hotel hat genug Nischen zum Entspannen.

413 **FLORES & PUCK**
Rietwijkerstraat 51
Amsterdam-Zuid ⑥
+31 (0)6 445 31 522
www.amsterdam bedandbreakfast.org

Die Pension wird von Astrid und ihrer Tochter Sammy geführt. Das Häuschen in ihrem Garten hat einen eigenen Eingang und eine sonnige Terrasse, auf der bei gutem Wetter Frühstück serviert wird. Astrid hat immer gute Tipps für Amsterdam und verleiht auch Fahrräder.

414 CAKE UNDER MY PILLOW

Eerste Jacob van Campenstraat 66/2
De Pijp ③
+31 (0)20 751 09 36
www.cakeundermypillow.com

Die Pension liegt über der berühmten Konditorei »De taart van mijn tante« (Mitinhaber Siemon de Jong leitet eine Kinder-Talkshow im niederländischen Fernsehen). Die Kuchen im Laden sind üppig und fantasievoll, die Unterkunft oben bietet geschmackvoll eingerichtete Zimmer, eine Gemeinschaftsküche und einen Wohnbereich.

415 AMSTERDAM COUNTRY COTTAGE

Durgerdammergouw 51
Amsterdam-Noord ⑦
+31 (0)6 294 36 357
www.amsterdamcountrycottage.nl

Das zweistöckige Landhaus liegt in einem Vogelschutzgebiet, hat eine eigene Bootsanlegestelle und eine Terrasse mit Grill. Ein herrlicher Platz in der Natur und nur einen Steinwurf von der Stadt entfernt (ist aber ohne Auto schwierig zu erreichen). Verglichen mit den Preisen in der Stadt bietet das Landhaus ein gutes Preis-Leistungs-Verhältnis.

411 FARALDA NDSM KRANHOTEL

5
HOTELS *mit* GESCHICHTE

416 **AMRATH-HOTEL**
Prins Hendrikkade 108
Altstadtzentrum ②
+31 (0)20 552 00 00
www.amrathamsterdam.com

Het Scheepvaarthuis (Das Reedereihaus) ist eines der schönsten Beispiele für die Architektur der Amsterdamer Schule. Es wurde 1916 als modernes Bürogebäude für sechs Reedereien erbaut und erinnert mit vielen Details an die lange Schifffahrtsgeschichte Hollands. Das schöne, üppig dekorierte Bauwerk wurde 2007 restauriert und als Fünfsternehotel wiedereröffnet.

417 **DE WINDKETEL**
Watertorenplein 8c
Westerpark-Viertel ④
www.windketel.nl

De Windketel ist das kleinste Gebäude auf dem Gelände des ehemaligen Gas- und Wasserwerks. Der achteckige Turm aus Backstein stammt aus dem späten 19. Jahrhundert und liegt auf einem ruhigen, autofreien Platz. Er wird ein wenig von den umliegenden Apartmenthäusern und einem großen, weißen Wasserturm überschattet. Der winzige Turm ist heute – erstaunlicherweise – ein dreistöckiges Luxusapartment für zwei Personen. Er ist mit holländischen Designermöbeln eingerichtet und wird von einem Nachbarschaftsverband geführt.

417 DE WINDKETEL

418 HILTON AMSTERDAM

Apollolaan 138
Amsterdam-Süd ⑥
+31 (0)20 710 60 00
www3.hilton.com

Hier machten John Lennon und Yoko Ono 1969 ihr berühmtes Bed-in für den Weltfrieden! Doch das Hotel machte auch traurige Schlagzeilen: 2001 sprang der Sänger Herman Brood hier in den Tod. Bei der Eröffnung im Jahr 1962 war das Hilton das erste internationale Kettenhotel in den Niederlanden. Seine V-Form entwarf der holländische Designer Hugh Maaskant.

419 OP HET ALTAAR

Amstel 98
Altstadtzentrum ②
www.ophetaltaar.nl

Auf einem Altar übernachten? Das ist in dieser Kirche hinter dem Rembrandtplein möglich. Im Zuge der Reformation entstanden in Amsterdam viele illegale Kirchen, in denen die unterdrückten Katholiken heimlich ihren Glauben praktizierten. Die Kirche aus dem 18. Jahrhundert sieht von außen wie ein ganz normales Wohnhaus aus. Innen verbirgt sich ein Luxusapartment – mit einem Bett, wo einst der Altar stand.

420 DOELEN-HOTEL

Nieuwe Doelenstraat 26
Altstadtzentrum ②
+31 (0)20 795 60 88
www.nh-hotels.nl/hotel/nh-amsterdam-doelen

Das große Gebäude wurde Ende des 19. Jahrhunderts im Stil der Neorenaissance erbaut. Früher hing hier Rembrandts berühmtes Gemälde »Die Nachtwache«. 1909 legte vor dem Hotel das erste Tourboot Amsterdams ab, 1964 übernachteten die Beatles hier. Das Gebäude hieß einst Kloveniersdoelen oder Halle der Bürgergarde. Heute beherbergt es das schicke Viersternehotel NH Doelen.

5 *besonders*

UMWELTFREUNDLICHE UNTERKÜNFTE

421 **CAMPING AMSTERDAMSE BOS**
Kleine Noorddijk 1
Amstelveen (Vorort)
+31 (0)20 641 68 68
www.campingamsterdamsebos.nl

Was könnte umweltfreundlicher sein als ein Campingplatz? Man kann sein eigenes Zelt mitbringen, aber auch in Chalets, Cottages oder Öko-Lodges übernachten. Die Öko-Lodges sind hölzerne Kuppelhütten mit Heizung und (Etagen-) Betten für zwei bis vier Personen. Die Häuschen sind einfach eingerichtet, aber immer noch komfortabler als ein Zelt. Der Campingplatz hat auch eine Gemeinschaftsküche mit Speiseraum.

422 **BICYCLE-HOTEL**
Van Ostadestraat 123
De Pijp ③
+31 (0)20 679 34 52
www.bicyclehotel.com

Das Hotel liegt in einer ruhigen Ecke des quirligen Viertels De Pijp. Der Name verrät es: Die Inhaber ermuntern ihre Gäste zum Radfahren. Doch auch in anderen Bereichen legt das Hotel Wert auf Nachhaltigkeit: Papier und Glas werden recycelt, es werden nur umweltfreundliche Reinigungsmittel verwendet, und die Solarzellen auf dem begrünten Dach erzeugen Öko-Strom. Die Zimmer sind einfach, sauber und preiswert. Morgens gibt es ein Frühstücksbüfett.

423 **HOTEL V**

Weteringschans 136
Südlicher Grachtengürtel ③
+31 (0)20 662 32 33
www.hotelvfrederiksplein.nl

Das Dreisternedesignhotel am Rand von De Pijp hat ein sehr glamouröses Flair – in der Lobby knistert ein offener Kamin, ein Ledersofa steht davor. Luxus kann aber auch umweltbewusst sein: Das Hotel hat den Grünen Schlüssel für Nachhaltigkeit erhalten. Die schicken Zimmer sind modern eingerichtet und variieren in Größe und Preis.

424 **CONSCIOUS HOTEL VONDELPARK**

Overtoom 519
Amsterdam-West ④
+31 (0)20 820 33 33
www.conscioushotels.com/hotelsVondelpark

Tresen aus recyceltem Plastik, eine lebende Pflanzenwand, erneuerbare Energie und wassersparende Duschen: Das Conscious Hotel Vondelpark ist grüner als grün. Es verkauft Ökoprodukte (z.B. wiederverwendbare Wasserflaschen), veranstaltet Dinnerabende mit Speisen aus »geretteten« Lebensmitteln und bezieht seine Nahrungsmittel von lokalen Biobauern. Die Zimmer sind modern eingerichtet und mit bunten Tapeten geschmückt; über den Betten hängen Fotos von Wäldern, Bambus oder Blumen.

425 **ECOMAMA**

Valkenburgerstraat 124
Viertel Waterlooplein ②
+31 (0)20 770 95 29
www.ecomamahotel.com

Das Boutique-Hostel im Industriestil ist mit recycelten Möbeln, gebrauchten Sofas sowie einer Rezeption aus alten Büchern ausgestattet. Es kombiniert die Gemütlichkeit einer Backpacker-Herberge (Etagenbetten!) mit dem Luxus und Service eines Hotels. Ecomama verfügt über ein Wassersparsystem, eine umweltfreundliche Heizanlage und Matratzen aus nachhaltigen Naturmaterialien.

425 ECOMAMA

Die 5 besten Unterkünfte AUF DEM WASSER

426 TASMANIA

Houthavens
Westerpark-Viertel ④
www.airbnb.com

Das Hausboot sieht dank seines schicken, modernen Designs wie eine Jacht aus. Es wurde nach den Wünschen der Inhaber Sonja und Michiel angefertigt, die das Studio im Bug bei Airbnb vermieten (nach der »Tasmania« suchen!). Das Studio hat Bullaugen und ein Deckenfenster, durch das man die Sterne sehen kann. Außerdem besitzt es einen eigenen Eingang und eine Privatterrasse. Die »Tasmania« ankert in einem ruhigen Stadtteil von Amsterdam.

427 LE MAROXIDIEN

Prins Hendrikkade 534
Altstadtzentrum ②
+31 (0)20 400 40 06
www.lemaroxidien.com

Auf dem zentral gelegenen Hausboot können Gäste verschiedene Kontinente entdecken. »Le Maroxidien« hat zwei Räume: ein blaues Marokko- und ein kleineres, gelbes Indienzimmer. Das ganze Boot ist in bunten Farben gestrichen. Inhaberin Kathrin (die fünf Sprachen spricht!) serviert jeden Morgen ein Biofrühstück im Speiseraum, wo sie auch gesellige Dinnerpartys mit Gerichten aus aller Welt veranstaltet.

428 BLUE WAVE HOUSEBOAT

Da Costakade 342
Amsterdam-West ④
+31 (0)20 427 89 68
www.bluewavehouseboat.com

Das Blue Wave Houseboat ist wegen seiner gewellten Form leicht zu finden. Es ankert in einem ruhigen Wohngebiet in Fußnähe des Jordaan und Ten-Kate-Marktes. Hans und Elisabeth leben seit vielen Jahren hier, und wer hier übernachtet, fühlt sich wie bei Freunden. Auf der Terrasse kann man die vorbeischwimmenden Gänse beobachten oder drinnen Gitarre und Klavier spielen.

429 HOUSEBOAT MS LUCTOR

Westerdok 103
Westelijke Eilanden ①
+31 (0)6 226 89 506
www.boatbedandbreakfast.nl

Das Segelschiff »MS Luctor« wurde 1913 erbaut. Viele seiner Originalelemente, zum Beispiel das große Holzsteuerrad, sind erhalten geblieben. Das Schiff wurde zu einem stilvollen Apartment mit drei Zimmern ausgebaut und ist der perfekte Ort für einen romantischen Urlaub. Es ankert in dem alten Wohngebiet Westelijke Eilanden. Gäste können die Umgebung mit zwei Fahrrädern oder einem Kanadier-Kanu erkunden.

430 HOUSEBOAT VOLLE MAAN (VOLLMOND)

Realengracht 9
Westelijke Eilanden ①
+31 (0)6 224 183 31
www.houseboatbedandbreakfast.com

Auf dem historischen Schiff fühlt man sich ins 17. Jahrhundert zurückversetzt. Es ankert in einem Amsterdamer Wohnviertel und bietet ein ausgebautes Heck für Gäste. Die Gastgeber Pim und Maartje tun alles, damit ihre Gäste sich wohlfühlen. Das Gästeapartment hat einen Privateingang und eine Terrasse. Das Frühstück wird morgens in einem Korb vor die Tür gestellt.

433 AMSTERDAMSE BOS

30 AKTIVITÄTEN AM WOCHENENDE

Die 5 besten
FAHRRADSTRECKEN

431 **DURGERDAM UND WATERLAND**
(Vorort)

Hinter dem Hauptbahnhof geht's mit der Fähre nach Amsterdam-Nord und von dort mit dem Rad nach Nordosten. Man radelt an Deichhäusern vorbei auf dem Nieuwendammerdijk und dem Schellingwouderdijk bis nach Durgerdam, einem zauberhaften Fischerdorf. Nicht weit von Durgerdam liegt Waterland, ein großes Naturschutzgebiet mit vielen Vögeln. Auf dem Rückweg fährt man über die Schellingwouderbrug und die Oostelijke Eilanden von Osten aus in die Stadt zurück.

432 **OUDERKERK AAN DE AMSTEL**
(Vorort)

Was ist schöner als eine Radtour am Fluss? Einfach der Amstel nach Osten aus der Stadt heraus bis nach Ouderkerk aan de Amstel folgen und am alten Hafen Kaffee, Apfelkuchen oder Eis genießen. Unterwegs passiert man den Amstelpark, eine Windmühle und wunderschöne Villen. Man kann den gleichen Weg zurück nehmen oder mit der Fähre den Fluss überqueren und am anderen Flussufer entlangfahren.

433 AMSTERDAMSE BOS
Amstelveen (Vorort)

Amsterdamse Bos (30 Minuten vom Hauptbahnhof entfernt) wurde in den 1930er-Jahren erbaut, um die Arbeitslosigkeit einzudämmen: Zwischen 1934 und 1940 arbeiteten hier 20 000 Leute. Der Park sollte eine ideale Mischung von Natur und Erholung bieten – und tut dies bis heute. Er verfügt über Spielplätze, Streichelzoos, Swimmingpools, Sportfelder, eine Ruderstrecke sowie Wälder, Sümpfe und Marschland.

434 LANGE BRETTEN
(Vorort)

An den Bahngleisen entlang der Straße nach Haarlem (Haarlemmerweg) erstreckt sich das kleine Wildgebiet Lange Bretten. Eine beliebte Fahrradstrecke führt von hier nach Spaarnwoude und Haarlem. Hier leben zahlreiche Tiere, darunter Vögel, Hasen und Wiesel, und im Sommer tragen die Brombeersträucher üppig Früchte. Bei Spaarnwoude gibt es gute Möglichkeiten zum Schwimmen.

435 RONDE HOEP
(Vorort)

Die Route Ronde Hoep führt durch die Polder und ist sehr beliebt bei Radrennfahrern. Sie liegt ganz in der Nähe von Amsterdam, aber die Stadt scheint meilenweit entfernt. Man radelt durch winzige Fischerdörfer an scheinbar endlosen, üppig grünen Feldern vorbei, auf denen Kühe grasen und Störche nach Fröschen Ausschau halten. Der Rundweg ist 17 Kilometer lang und beginnt in Ouderkerk aan de Amstel.

5 *sehenswerte*
PARKS

436 **PARK FRANKENDAEL**
Watergraafsmeer ⑤
www.park-frankendael.nl

Das Frankendael-Haus, einst ein Landgut von reichen Amsterdamern, ist heute ein Restaurant. Der umliegende Park ist frei zugänglich, hat sich aber sein elegantes Erscheinungsbild und Flair bewahrt. Beim Spazieren durch den Park fühlt man sich auf einen Landsitz aus dem 18. Jahrhundert zurückversetzt.

437 **VLIEGENBOS**
Amsterdam-Noord ⑦
www.vliegenbos.info

Vliegenbos ist alles andere als ein piekfeiner Park. Seine üppigen Bäume und Sträucher strahlen einen Charme aus, der den meisten durchgestylten Parks im Stadtzentrum fehlt. Vliegenbos wurde 1912 auf Initiative des sozialdemokratischen Stadtrats Willem Vliegen erbaut, der einen Ort in der Stadt schaffen wollte, in dem die Arbeiter die Natur genießen konnten.

438 SARPHATI-PARK

De Pijp ③

Brücken, verschlungene Pfade, üppig überwuchert: Der malerische Park aus dem 19. Jahrhundert ist der kleine Bruder des Vondelparks, des ersten holländischen Parks, der im Stil der englischen Landschaftsgärten gestaltet wurde. Der Sarphati-Park bietet wunderbar Zuflucht vor dem Lärm und Trubel in De Pijp. In der ökologischen Recyclingagentur des Parks können Einheimische Saatgut, Setzlinge und Pflanzen spenden oder tauschen.

439 FLEVOPARK

Indische Buurt ⑤

www.flevopark.nl

Der riesige, ruhige Flevopark liegt im Osten des Stadtviertels Indische Buurt. Da in der Nähe der See Het Nieuwe Diep liegt, leben im Park viele Vögel und Wildtiere. Die Idee für den Park stammt von Jac P. Thijsse (1865–1945), dem bekanntesten Biologen und Naturschützer der Niederlande, der im frühen 20. Jahrhundert eine idyllische Grünfläche im Ostteil der Stadt plante.

440 WERTHEIMPARK

Plantage-Viertel ②

Der winzige Wertheimpark im alten jüdischen Viertel ist der einzige Park im Altstadtzentrum. Er ist nach dem jüdischen Unternehmer und Wohltäter Abraham Carel Wertheim benannt, der im 19. Jahrhundert lebte. Der Park wurde im Zweiten Weltkrieg umbenannt, als die Nazis alle jene Straßennamen änderten, die einen Bezug zu Juden und zur Königsfamilie aufwiesen.

Die 5 schönsten Sehenswürdigkeiten
AUSSERHALB AMSTERDAMS

441 **COBRA-MUSEUM FÜR MODERNE KUNST**
Sandbergplein 1
Amstelveen (Vorort)
+31 (0)20 547 50 50
www.cobra-museum.nl

Das Cobra-Museum zeigt viele Werke von Künstlern der Nachkriegsbewegung CoBrA, darunter Karel Appel, Corneille, Pierre Alechinsky, Asger Jorn und Carl-Henning Pedersen. Der japanisch-niederländisch-amerikanische Bildhauer Shinkichi Tajiri hat einen umzäunten japanischen Zen-Garten für das Museum designt. Das Cobra liegt etwa 40 Minuten vom Hauptbahnhof entfernt in Amstelveen.

442 **TEYLERS MUSEUM**
Spaarne 16
Haarlem (Vorort)
+31 (0)23 516 09 60
www.teylersmuseum.nl

Teylers wurde 1778 eröffnet und ist damit das älteste Museum der Niederlande. Das herrlich altmodische Museum für Kunst und Wissenschaft beherbergt Holzvitrinen voller Fossilien und Mineralien. In den alten Räumen wird auch eine große Gemäldesammlung gezeigt, und im Anbau finden Wechselausstellungen statt. Das Teylers ist ein guter Anlass, um Haarlem zu besuchen, das nur eine 15-minütige Zugfahrt entfernt liegt.

443 BUITENPLAATS BEECKESTIJN

Rijksweg 134
Velsen-Zuid (Vorort)
+31 (0)25 552 28 77
www.buitenplaats beeckestijn.nl

Reiche Amsterdamer flohen im Sommer aus der überfüllten Stadt in ihre Landhäuser. Im Buitenplaats Beeckestijn kann man sehen, wie solch ein Sommerhaus aussah. Die Geschichte des Museums datiert bis ins 16. Jahrhundert – hier wohnten schon mehrere Amsterdamer Bürgermeister. Man kann die wunderschönen Antiquitäten und Familienporträts bewundern oder durch den romantischen englischen oder den geometrischen französischen Garten spazieren.

444 HEMBRUG

Zaandam (Vorort)
www.hembrug terrein.com

In den letzten 150 Jahren war Hembrug sicher abgezäunt, denn hier wurden Waffen, Patronenkugeln, Granaten und sogar Giftgase hergestellt. 2003 schloss die Munitionsfabrik. Inzwischen ist Hembrug zu einer Attraktion geworden, mit Künstlerwohnungen, Designstudios, Museen, Restaurants. Und einem herrlichen Wald, der gepflanzt wurde, um Zaandam vor Explosionen zu schützen.

445 MARKEN

Das alte Fischerdorf mit seinen typischen grünen Holzhäusern liegt im Norden Amsterdams auf einer Halbinsel im Markermeer-See. Der Ort ist mit dem Bus zu erreichen (Linie 315 ab Hauptbahnhof), aber noch schöner ist es, hierher zu radeln. Es gibt ein Museum und einen berühmten Souvenirladen, aber die wahre Attraktion sind das Dorf selbst und seine herrlichen Ausblicke auf den See.

Die 5 besten

SOMMERFESTIVALS

446 **PITCH-FESTIVAL**
Gelände der Westergasfabriek
Westerpark-Viertel ④
www.pitchfestival.nl

Das zweitägige Sommerfestival für neue elektronische Musik findet im alten Gaswerk statt, wo Festzelte aufgestellt werden. Pitch hat eine sehr weite Definition von Elektromusik und veranstaltet neben House- und Technopartys auch Weltmusik- und Popkonzerte.

447 **DEKMANTEL-FESTIVAL**
Amsterdamse Bos
Amstelveen (Vorort)
dekmantelfestival.com

Das viertägige Tanzfestival Anfang August hat sich zu einem der größten Feste Amsterdams entwickelt und bietet immer besondere Überraschungen. Die Künstler treten in Clubs, Konzerthallen und anderen Locations auf. Aber die wahre Magie entfaltet sich in Amsterdamse Bos: Hier tanzen die Gäste bis zum frühen Morgen in der Natur.

448 **ROLLENDE KEUKENS**
Gelände der Westergasfabriek
Westerpark-Viertel ④
www.rollendekeukens.nl

Amsterdams einziges Food-Truck-Festival. Im Mai rollen Hunderte Autos, Mopeds, Imbisswagen und Vans aller Größen in den Westerpark, um Streetfood in allen denkbaren Geschmacksrichtungen zu verkaufen. Bei schönem Wetter ist hier unglaublich viel los – man muss also mit langen Warteschlangen rechnen.

449 **LANDJUWEEL FESTIVAL**

Ruigoord 76
Ruigoord (Vorort)
www.ruigoord.nl

Das multikulturelle Festival Landjuweel findet Ende August im Kulturfreihafen Ruigoord statt. Freigeistige, glückliche Menschen genießen hier Musik, Theater, Poesie und Tanz. Das Dorf Ruigoord wurde in den 1970er-Jahren besetzt und später von Künstlern übernommen. Die Einwohner veranstalten regelmäßig Events, Shows und Workshops in der alten Kirche.

450 **PLUK DE NACHT**

Westerdoksdijk 705c
Westelijke Eilanden ①
www.plukdenacht.nl

2003 fanden sich mehrere Filmliebhaber zusammen und riefen das Open-Air-Kinofestival Pluk de Nacht ins Leben. Ihr Konzept – kostenlose Filme, Strandliegen und ein fantastischer Blick auf den Fluss IJ – erwies sich als ein Riesenerfolg. In manchen Nächten stehen die Leute Schlange, um reinzukommen; einige schwimmen dafür sogar durch den Fluss. Das Festival findet jedes Jahr im August statt.

Die 5 besten
SIGHTSEEINGTOUREN
mit öffentlichen Verkehrsmitteln

451 **NDSM-FÄHRE**
Hauptbahnhof
Altstadtzentrum ②
www.gvb.nl

Die Fährverbindung zwischen dem NDSM-Hafen in Amsterdam-Nord und dem Hauptbahnhof bietet eine kostenlose Sightseeingtour in 15 Minuten. Unterwegs sieht man moderne Architektur, alte Speicherhäuser und sogar ein russisches U-Boot aus den 1950er-Jahren. Wind im Haar, vorbeifahrende Boote: Was für eine schöne Art der Erholung!

452 **TRAMBAHN 2**
Hauptbahnhof
Altstadtzentrum ②
www.gvb.nl

Die Tramlinie 2, eine der besten öffentlichen Linien überhaupt, fährt vom Hauptbahnhof bis Oudenaardeplantsoen in Neu-West. Unterwegs passiert sie Dam-Platz, Blumenmarkt, Leidseplein, Rijksmuseum und den Vondelpark.

453 **TRAMBAHN 16**
Hauptbahnhof
Altstadtzentrum ②
www.gvb.nl

Die Tram 16 fährt vom Norden (Hauptbahnhof) in den Süden Amsterdams. Unterwegs kann man am Spui-Platz ein Buch oder auf dem Albert-Cuyp-Markt Lebensmittel kaufen, Kunst am Museumplein oder den prachtvollen Valeriusplein bewundern und entdecken, wo 1928 die Olympischen Spiele stattfanden.

454 **BUS 22**

Hauptbahnhof
Altstadtzentrum ②
www.gvb.nl

Die Buslinie 22 verbindet zwei belebte Stadtviertel im Osten und Westen. Sie fährt an der Zaanstraat im Westen von Spaarndammerbuurt ab, weiter bis zum Haarlemmerplein und am Fluss IJ entlang zum Amsterdamer Hauptbahnhof. Von dort führt ihr Weg zum Plantage-Viertel, zum Bahnhof Muiderpoort und zum Javaplein im Viertel Indische Buurt bis zur Endhaltestelle an der Th. K. van Lohuizenlaan.

455 **ZUG NACH OVERVEEN**

Hauptbahnhof
Altstadtzentrum ②
www.gvb.nl

Die Bahnstrecke nach Haarlem war die erste, die in den Niederlanden gebaut wurde. Gleich hinter Haarlem liegt der hübsche, 1881 errichtete Bahnhof von Overveen. Von hier ist es nur ein kurzer Spaziergang zu den Dünen des Nationalreservats Zuid-Kennemerland. Nach weiteren 5 Kilometern erreicht man den Badeort Zandvoort aan Zee und nimmt den Zug zurück nach Amsterdam.

451 NDSM-FÄHRE

Die 5 schönsten
AMSTERDAMER STRÄNDE

456 BLIJBURG

Muiderlaan 1001
IJburg (Vorort)
+31 (0)20 416 03 30
www.blijburg.nl

IJburg, der neueste Stadtteil von Amsterdam, liegt im Osten der Stadt auf einer Reihe künstlicher Inseln im IJmeer. Wer nicht gerade moderne Architektur liebt, hat kaum Grund, hierherzukommen. Im Sommer bietet IJburg jedoch einen fantastischen Strand namens Blijburg, wo man schwimmen, sonnenbaden, windsurfen oder einfach nur etwas trinken kann. Die Atmosphäre am Strand ist sehr entspannt.

457 STRAND ZUID

Europaplein 22
Amsterdam-Zuid ⑥
+31 (0)20 639 25 89
www.zuid-pool.nl

Der Strand Zuid hat eine ungewöhnliche Lage direkt neben dem RAI-Kongresszentrum. Er ist perfekt, um sich zu entspannen, gemütlich an einem Cocktail zu nippen oder auf der Terrasse gut zu essen. Vor allem aber ist er ein Ort zum Sehen und Gesehenwerden. Der Stadtstrand hat ein gehobenes, schickes Flair. Man kann hier zwar nicht schwimmen, aber es gibt Duschen zum Abkühlen.

458 STRAND WEST

Stavangerweg 900
Westelijke Eilanden ①
+31 (0)20 682 63 10
www.strand-west.nl

Der 20 000 m² große Strand liegt in Houthavens, einem ehemaligen Hafen, der zurzeit neu bebaut wird. In der Gegend leben viele Studenten, die gern hier abhängen. Man kann in Hängematten liegen, Tapas essen, Cocktails trinken und Beachvolleyball spielen.

459 ZANDVOORT AAN ZEE

FREMDENVERKEHRS-BÜRO:
Bakkerstraat 2b
Zandvoort aan Zee (Vorort)
+31 (0)23 571 79 47
www.vvvzandvoort.nl

Zandvoort aan Zee ist ein beliebter Strandort, der im Sommer viele Touristen anzieht und nur 30 Minuten mit der Bahn von Amsterdam entfernt ist. Am besten besucht man das Städtchen im Frühjahr oder Herbst, wenn der Strand nicht so belebt ist. Am Ufer gibt's viele Cafés und Restaurants, die einen schönen Blick auf den Sonnenuntergang über dem Meer bieten. Die meisten haben das ganze Jahr hindurch geöffnet.

460 IJMUIDEN AAN ZEE

FREMDENVERKEHRS-BÜRO:
Dudokplein 16
IJmuiden aan Zee (Vorort)
+31 (0)20 702 60 00
www.vvvijmuidenaanzee.nl

IJmuiden aan Zee hat einen der breitesten Strände Amsterdams. Die Stadt selbst ist im Vergleich zu Zandvoort und dem luxuriösen Bloemendaal eher bescheiden, aber auch weniger überfüllt. Das liegt vielleicht an den großen Stahlrohren der Tata-Fabrik im Hintergrund. Der Strand ist beliebt bei Wind- und Kitesurfern. Am Pier treffen sich viele Vogelbeobachter.

461 HET LIEVERDJE

40 WISSENSWERTE DINGE UND UNNÜTZE DETAILS

5 wichtige Orte der PROVO-BEWEGUNG

461 **HET LIEVERDJE**
Spui
Altstadtzentrum ②

1960 stiftete ein Tabakhändler der Stadt diesen kessen kleinen Bronze-Jungen. Mitte der 1960er-Jahre veranstaltete der Künstler und »Anti-Rauch-Magier« Robert Jasper Grootveld hier seine Happenings, in denen er gegen die Tabakindustrie und die Macht der Industrie im Allgemeinen protestierte. Er und seine Anhänger tanzten singend um die Figur und setzten sie gelegentlich in Brand. Sie ist immer noch ein beliebter Ort für Proteste.

462 **K-TEMPEL**
Korte Leidse Dwarsstraat
Südlicher Grachtengürtel ③

Robert Jasper Grootveld veranstaltete seine ersten Anti-Rauch-Treffen in einem »Tempel« in der Nähe des Leidsepleins. In einer Zeit, als Rauchen noch überall akzeptiert war, malte Grootveld große Ks (K stand für das holländische Wort *kanker,* Krebs) auf Zigarettenplakate. In seinem »Tempel« verbrannte er auf einem Altar Zigaretten, wobei jede Menge Rauch entstand. Seine Gottesdienste für »bewusste Nikotiniker« zogen viel Aufmerksamkeit auf sich, aber nach einem Monat ging der Tempel in Flammen auf.

463 **APOLLO BIOSCOOP**
Haarlemmerdijk 82
Haarlemmer-Viertel
①

Das alte Kino war einst ein Treffpunkt der Provo-Bewegung. Die Anwohner waren nicht begeistert über die »langhaarigen, faulen Rumreiber«. Die Provos organisierten Meetings und übernachteten oft im Kino. 1967 drang eine Gruppe von Marinesoldaten ein, um die Provos zu verprügeln. Die Situation geriet außer Kontrolle. Das Kino wurde geschlossen und ist heute eine günstige Unterkunft.

464 **DAS HAUS VON ROEL VAN DUIJN UND ROB STOLK**
Karthuizersstraat 14
Jordaan ①

Provo wurde zu einer richtigen Bewegung, als Roel van Duijn ihr im Mai 1965 diesen Namen gab. Bei einer Demonstration traf er Rob Stolk, den Herausgeber einer anarchistischen Zeitschrift, und bald zog Stolk bei van Duijn ein. In diesem Haus druckten sie das erste Provo-Magazin. Wenig später konfiszierte die Polizei genau dort die Zeitschriften.

465 **SPEAKERS' CORNER IM VONDELPARK**
Vondelpark

Die Provo-Bewegung hatte riesigen Einfluss, endete aber im Mai 1967 – nur zwei Jahre nach ihrer offiziellen Gründung –, als Robert Jasper Grootveld und Rob Stolk sie bei einem Treffen an der Speakers' Corner im Vondelpark für tot erklärten. Die Provo-Bewegung, die für ihre kuriosen, revolutionären Aktionen bekannt war, habe sich zu einem Manierismus und einer Institution entwickelt (sie hatte sogar einen Sitz im Stadtrat), erklärten sie. Daher sei es Zeit, die Bewegung zu begraben.

5 Orte, die an den ZWEITEN WELTKRIEG erinnern

466 **HOLLANDSCHE SCHOUWBURG**
Plantage Middenlaan 24
Plantage-Viertel ②
+31 (0)20 531 03 10
www.hollandsche schouwburg.nl

Die Nazis machten aus der Hollandsche Schouwburg, einem beliebten, 1892 erbauten Theater, ein Schauspielhaus für Juden. Ab 1942 wurden Juden hierhergebracht, die später in Konzentrationslager in ganz Europa deportiert wurden. Das Theater ist heute ein Dokumentationszentrum, das über den Holocaust informiert. Eine Wand mit 6700 jüdischen Familiennamen erinnert an die 104 000 niederländischen Juden, die im Krieg ermordet wurden.

467 **HOMOMONUMENT**
Keizersgracht/Westermarkt
Altstadtzentrum ①
www.homo monument.nl

Das Denkmal für die Schwulen und Lesben, die von den Nazis getötet wurden, ist leicht zu übersehen. Es wurde 1987 eingeweiht und gilt als Erstes seiner Art auf der Welt. Die dreieckigen Linien auf dem Boden beziehen sich auf die rosafarbenen Stoffdreiecke, die Schwule in den Konzentrationslagern auf ihrer Kleidung tragen mussten. Einer der Winkel deutet auf das Anne-Frank-Haus, ein anderer auf den früheren Hauptsitz einer Schwulenorganisation in der Rozenstaat 14.

468 JÜDISCHES HISTORISCHES MUSEUM

Nieuwe Amstelstraat 1
Plantage-Viertel ②
+31 (0)20 531 03 10
www.jhm.nl

Das Jüdische Historische Museum wurde 1932 auf dem Nieuwmarkt eröffnet, musste im Krieg aber schließen. Zurzeit befindet es sich im früheren Synagogenkomplex auf dem Jonas Daniël Meijerplein. Es zeigt eine Dauerausstellung über die Geschichte und Kultur der Juden in den Niederlanden sowie wechselnde, oft sehr gute (Kunst-)Ausstellungen.

469 DOKWERKER

Jonas Daniël Meijerplein
Plantage-Viertel ②

Die Nazis untersagten den Juden im besetzten Amsterdam, öffentliche Plätze, Geschäfte und Cafés zu besuchen. Am Abend des 24. Februar 1941 riefen Vertreter der illegalen kommunistischen Partei zum Widerstand auf. Einen Tag später begann ein zweitägiger Streik, der die ganze Stadt erfasste. Es gab neun Todesopfer und viele Verletzte; 300 Kommunisten wurden inhaftiert. 1952 wurde das Denkmal »Dokwerker« eingeweiht, das an den Aufstand erinnert.

470 AUSCHWITZ-DENKMAL VON JAN WOLKERS

Wertheimpark
Plantage-Viertel ②

Das Mahnmal des Schriftstellers und Künstlers Jan Wolkers, das an die Schrecken von Auschwitz erinnert, wurde 1993 eingeweiht. Die zerbrochenen Spiegel reflektieren Tag und Nacht den Himmel, so Wolkers. »Der Himmel ist für immer zerstört. Es ist ein entsetzlicher Angriff gegen alles Menschliche.« Jedes Jahr am 27. Januar, dem Tag, an dem die russische Armee das Lager befreite, findet ein Gedenken an die Opfer von Auschwitz statt.

5 berühmte
BESETZTE HÄUSER

471 OT301

Overtoom 301
Amsterdam-West ④
+31 (0)20 412 29 54
www.ot301.nl

Die ehemalige Filmakademie am Overtoom 301 wurde 1999 besetzt. Eine Gruppe von Künstlern forderte bezahlbare Ateliers für Künstler und wollte das leer stehende Gebäude für öffentliche Zwecke nutzen. OT301 organisiert Konzerte, Partys und Ausstellungen und zeigt in einem kleinen Filmtheater Kult- und Kunstfilme.

472 DE NIEUWE ANITA

Frederik Hendrik-straat 111
Amsterdam-West ④
www.denieuweanita.nl

Im Juli 1983 wurde die Frederik Hendrik-school, eine einstige Hauswirtschaftsschule, von Besetzern bezogen, 1989 kauften sie das Gebäude. Heute beherbergt es ein Café, die Konzerthalle De Nieuwe Anita sowie Organisationen, die Flüchtlingen und Drogensüchtigen helfen.

473 OCCII

Amstelveenseweg 134
Amsterdam-Zuid ⑥
+31 (0)20 671 77 78
www.occii.org

Die alte Garage für Pferdebahnen wurde 1984 besetzt und zum Kulturkomplex De Binnenpret umgewandelt. Es gibt hier ein veganes und vegetarisches Restaurant (Eerste Schinkelstraat 16) sowie einen Buchladen für politische Literatur und ein Kindertheater. Der Eyecatcher ist aber die Konzerthalle OCCII.

474 VRANKRIJK

Spuistraat 216
Altstadtzentrum ②
www.vrankrijk.org

Die Spuistraat ist eine beliebte Gegend im Stadtzentrum. Aber das war nicht immer so: In den 1980er-Jahren war die Straße völlig heruntergekommen, und vielen Gebäuden drohte der Abriss. Mehrere Häuser wurden von Besetzern bezogen, die in den letzten Jahren aber vertrieben wurden. Nur Vrankrijk, ein altes Druckereigebäude, ist seit 1982 bis heute in der Hand von Hausbesetzern.

475 FILMHUIS CAVIA

Van Hallstraat 52/1
Westerpark-Viertel ④
+31 (0)20 681 14 19
www.filmhuiscavia.nl

1983 wurde das Prinses Beatrix Schippersinternaat, ein leer stehendes Internat, von Hausbesetzern eingenommen, die hier das Cavia eröffneten. Das winzige Kino (nur 40 Sitzplätze) für Underground-Filmkunst zeigt internationale Filme. Der Rest des Gebäudes wird von Künstlern und einer Kickbox-Schule genutzt.

473 OCCII

5 *weltberühmte*
AMSTERDAMER

476 JOHAN CRUYFF

Akkerstraat 32
Watergraafsmeer ⑤

Johan Cruyff (1947–2016) war einer der besten Fußballspieler aller Zeiten, aber er bereicherte auch die niederländische Sprache mit der viel geliebten »cruyffischen« Sprache und Bonmots wie »Jeder Vorteil hat seinen Nachteil«. Cruyff wurde auf der Akkerstraat 32 in Betondorp geboren, wo seine Eltern einen Gemüseladen betrieben. Das frühere Ajax-Amsterdam-Stadion De Meer lag auf der anderen Straßenseite am Middenweg.

477 ANNE FRANK

DAS GEHEIME HINTERHAUS

Prinsengracht 263-267
Altstadtzentrum ①

Anne Frank (1929–1945) zog als Vierjährige von Deutschland nach Amsterdam. Die Familie lebte anfänglich am Merwedeplein, wo 2005 ein Denkmal errichtet wurde. Seit 1942 versteckten sie sich in einem Haus, das heute weithin als Het Achterhuis (Das geheime Hinterhaus) bekannt ist. Anne starb im Konzentrationslager Bergen-Belsen. Ihr Tagebuch wurde nach dem Krieg so berühmt, dass die Stadt sich entschied, das Achterhaus nicht wie geplant abzureißen.

478 **REMBRANDT VAN RIJN**

RIJKSMUSEUM

Museumstraat 1

Museumsviertel ③

Rembrandt van Rijns (1606–1669) Meisterwerk »Die Nachtwache« hängt im Rijksmuseum, ebenso wie einige andere Werke des Künstlers. Aber man sollte unbedingt auch sein Wohnhaus und Atelier in der Jodenbreestraat 4 besuchen, wo der Maler von 1639 bis 1658 lebte und arbeitete. Das Rembrandthaus veranstaltet in der zweistöckigen Wohnung des Malers auch Wechselausstellungen.

479 **HERMAN BROOD**

CAFÉ DE TOOG

Nicolaas Beetsstraat 142

Amsterdam-West ④

www.cafedetoog.com

Herman Brood (1946–2001) lebte an der Ecke Jan van Eyck-/Memlingstraat, bevor er sich vom Hilton Hotel um die Ecke in den Tod stürzte. Der berühmte Rock-'n'-Roll-Musiker war auch begeisterter Maler, er bemalte Leinwände, aber auch Vorhänge, Boote und Busse. Brood war Stammgast im 1990 eröffneten Café De Toog, wo er mehrere Tische bemalte.

480 **ANNIE M. G. SCHMIDT**

FRIEDHOF ZORGVLIED

Amsteldijk 273

Amsterdam-Süd ⑥

Viele holländische Kinder wuchsen mit Annie M. G. Schmidts (1911–1995) Büchern »Heiner und Hanni«, »Pluck mit dem Kranwagen« und »Die Entführung aus der Kiste« auf. Die Autorin, die auch Gedichte und Lieder schrieb, begann ihre Laufbahn als Journalistin bei der Tageszeitung »Het Parool«. Sie verbrachte den Großteil ihres Lebens außerhalb Amsterdams, aber ihre Charaktere und Schauplätze sind oft von ihren Erlebnissen in der Stadt inspiriert. Schmidt liegt auf dem Friedhof Zorgvlied begraben.

5 prägende
BAUHERREN UND ARCHITEKTEN

481 **FLOOR WIBAUT**
Wibautstraat
Oosterpark-Viertel ⑤

Als erster sozialistischer Stadtrat Amsterdams ersetzte Floor Wibaut (1859–1936), »der Mächtige«, armselige Hütten und dunkle Kellerwohnungen durch saubere, schöne Arbeiterhäuser. Er glaubte, dass bezahlbare Unterkünfte für arme Familien staatlich gefördert werden sollten. Amsterdam wurde zu einem Musterbeispiel für sozialen Wohnungsbau, ein Prädikat, das die Stadt auch heute noch trägt, obwohl der prozentuale Anteil von Sozialwohnungen rapide sinkt.

482 **HENDRIK PETRUS BERLAGE**
Victorieplein
Amsterdam-Zuid ③

Anfang des 20. Jahrhunderts wurde der Architekt H. P. Berlage (1856–1934) beauftragt, einen neuen Stadtteil im Süden Amsterdams zu bauen. Plan Zuid ist weltweit für seinen geometrischen, monumentalen Baustil bekannt. Die Häuser wurden von 17 Architekten der sogenannten Amsterdamer Schule entworfen. Berlage baute auch die Berlage-Brücke über den Fluss Amstel. Auf dem Victorieplein steht seine Statue, geschaffen vom berühmten Hildo Krop.

483 PIERRE CUYPERS

Hauptbahnhof
Altstadtzentrum ②

Zwei Gebäude in Amsterdam sind kaum zu übersehen: der Hauptbahnhof und das Rijksmuseum. Beide wurden von Pierre Cuypers (1827–1921) entworfen. Er war der erste niederländische Architekt mit Weltruf, wurde aber auch oft wegen seines Stils als kitschig kritisiert. Cuypers entwarf über 100 Kirchen, zum Beispiel die Vondel- und die Posthoornkerk.

484 HILDO KROP

Erasmuspark
Amsterdam-West ④

Wer die Arbeiten von Hildo Krop (1884–1970) nicht gesehen hat, hat auch Amsterdam nicht gesehen. Der Bildhauer schuf über 400 Werke für die Stadt, von kleinen Ornamenten bis hin zu riesigen Figuren wie die Berlage-Statue (Victorieplein) und die Skulptur »Mädchen mit Pferd« (Muzenplein). Im Stadtzentrum sind viele Grachtenbrücken mit seinen Pferdeskulpturen geschmückt. Wer seinen Stil einmal kennt, wird Hildo Krops Werke überall in der Stadt wiederfinden.

485 ALDO VAN EYCK

GARTEN DES RIJKSMUSEUMS
Museumstraat 1
Museumsviertel ③

Nach dem Zweiten Weltkrieg nahm die Anzahl der Kinder und Autos in der Stadt rapide zu. Amsterdam benötigte Orte, wo Kinder sicher spielen konnten. Aldo van Eyck (1918–1999) entwarf 700–900 Spielplätze, die Geräte bestanden hauptsächlich aus Beton und Aluminium. Heute gelten sie als gefährlich, es sind nur noch wenige erhalten. Im Garten des Rijksmuseums befindet sich ein originaler Spielplatz von van Eyck.

Die 5 besten Orte aus dem
GOLDENEN ZEITALTER AMSTERDAMS

486 **WEST-INDISCH HUIS**
Herenmarkt 99
Haarlemmer-Viertel
①

Von 1626 bis 1656 befand sich hier der Hauptsitz der Niederländischen Westindien-Kompanie. Diese Handelsgesellschaft spielte eine große Rolle im holländischen Sklavenhandel: Hier wurde die Entscheidung getroffen, mit Sklaven sowie mit Zucker, Tabak und Gold zu handeln. Ein Jahrzehnt zuvor, im Jahr 1625, beschloss die Handelsgesellschaft, eine Festung auf der Insel Manhattan zu bauen, aus der sich später Neu-Amsterdam bzw. das heutige New York entwickelte.

487 **TRIPPENHUIS**
Kloveniersburgwal 29
Altstadtzentrum ②

In dem prachtvollen klassizistischen Gebäude befand sich früher das Rijksmuseum. Heute tagen hier die Mitglieder der Königlich Niederländischen Akademie der Wissenschaften. Der Bau wurde 1662 für die Brüder Louys und Hendrick Trip erbaut, zwei Stahl- und Waffenhändler, die Spanien im Reunionskrieg (1683–1684) mit Waffen belieferten. Louys Trip wurde später Bürgermeister von Amsterdam und Präsident der Niederländischen Ostindien-Kompanie.

488 STADSBANK VAN LENING

Nes 57
Altstadtzentrum ②
www.amsterdam.nl/sbl

Im 17. Jahrhundert platzte Amsterdam aus allen Nähten: Zwischen 1578 und 1622 hatte sich die Bevölkerung verdreifacht. Aber nicht jeder war reich. Um durchzukommen, verpfändeten viele Leute ihr Hab und Gut an das städtische Pfandleihhaus. Die Stadsbank van Lening wurde 1614 gegründet und ist noch heute aktiv. Sich zu seiner Armut zu bekennen, galt als beschämend: Der Eingang zur Stadsbank wurde deshalb auch »Schwelle der Schande« genannt.

489 HUIS DE PINTO

Sint Antoniesbreestraat 69
Altstadtzentrum ②
+31 (0)20 370 02 10
www.huisdepinto.nl

Das De-Pinto-Haus musste in den 1970er-Jahren beinahe einer Autobahn weichen, konnte aber vor dem Abriss gerettet werden und beherbergt heute ein Kulturzentrum. Der Bau wurde 1605 errichtet und später von der portugiesisch-jüdischen Kaufmannsfamilie De Pinto gekauft. Hinter der klassizistischen Fassade befinden sich opulente Räume mit Originalgemälden.

490 KÖNIGLICHER PALAST VON AMSTERDAM

Dam
Altstadtzentrum ②
+31 (0)20 620 40 60
www.paleisamsterdam.nl

Als der Palast 1655 erbaut wurde, war er das größte Rathaus der Welt. 1808 beschloss Louis Napoleon, das Bauwerk zu seinem Königspalast zu machen, später residierten hier die niederländischen Monarchen. 1813 wurde dort die Niederländische Unabhängigkeitserklärung unterzeichnet und 1949 die Unabhängigkeit Indonesiens erklärt. Heute sind einige Gebäudeflügel als Museum zugänglich.

5 Worte im
AMSTERDAMER DIALEKT

491 MESJOGGE

Bargoens ist ein holländischer Slang, der im 17. Jahrhundert von Handlungsreisenden, Landstreichern und Verbrechern gesprochen wurde. Der Dialekt hat viele Worte aus dem Jiddischen und Hebräischen entliehen und sich im Laufe der Jahre zu einem Bestandteil der niederländischen Sprache entwickelt. Man hört noch heute viele *Bargoens*-Worte in Amsterdam, obwohl sie immer seltener benutzt werden. *Mesjogge* ist jiddisch und bedeutet verrückt, töricht oder wahnsinnig.

492 ACHENEBBISJ

Wenn etwas wirklich heruntergekommen, schäbig und armselig aussieht, bezeichnet man es als *achenebbisj*. In den 1980er-Jahren, als zahlreiche Leute die Stadt verließen und immer mehr Gebäude verfielen, wurden viele Bezirke im Zentrum Amsterdams als *achenebbisj* bezeichnet, zum Beispiel das Bahnhofsviertel, der Zeedijk, der Haarlemmerdijk und Teile des Joordan-Viertels.

493 GEINPONUM

Ein *geinponum* ist jemand, der von sich denkt, er sei lustig. Jemand, der eindeutige, derbe Witze erzählt. Einige Leute reagieren darüber nur verärgert, aber andere lieben es. Typische Amsterdamer *geinponums* findet man auch heute noch in den Pubs, auf den Märkten und sogar in den Trams der Stadt. Lächeln sie einfach höflich, wenn einer schlechte Witze über Sie reißt.

494 ATENOJE

Atenoje ist ein Ausruf der Überraschung. Wer etwas Seltsames oder Unerwartetes sieht, bezeichnet es als *atenoje*. Es bedeutet so viel wie »Oh mein Gott!«. Der Begriff stammt vom hebräischen *adonai*, was auf Deutsch »Mein Gott« bedeutet. Das nächste Mal, wenn Sie auf der Straße fast von einem Radfahrer überfahren werden, rufen Sie also: *Atenoje*!

495 PIKKETANUSSIE

Pikketanussie ist ein Slangwort für starken Alkohol (meist Genever). Johnny Jordaan (1924–1989), einer der berühmtesten Liebeslied-Dichter Amsterdams, pflegte zu singen: »Ein Pikketanussie rutscht immer gut runter.« Genever ist seit dem 18. Jahrhundert einer der beliebtesten Schnäpse der Niederlande. Robert Hennebo schrieb in seinem Buch »Lob auf den Genever« (1718): »Ein Genever am Morgen erfrischt und macht gesund.«

5 FILME,

die in Amsterdam gedreht wurden

496 **»DAS SCHICKSAL IST EIN MIESER VERRÄTER«**
Leidsegracht 4
Südlicher Grachtengürtel ③

Die Bank vor dem Haus in der Leidsegracht 4 verschwand nach dem Erfolg des Films »Das Schicksal ist ein mieser Verräter« plötzlich. Sie ist der Ort, an dem Hazel und Gus an den Grachten Amsterdams lange Gespräche führten und sich küssten. Niemand weiß, was mit der Bank passiert ist, aber die Stadtverwaltung schließt nicht aus, dass ein Fan sie mitgenommen hat. Die Stadt hat die Bank im Sommer 2014 durch eine neue ersetzt.

497 **»VERFLUCHTES AMSTERDAM«**
Südlicher Grachtengürtel ③

Der 1988 erschienene Film des niederländischen Regisseurs Dick Maas ist ein Kultklassiker über einen Psychopathen, der in den Amsterdamer Grachten sein Unwesen treibt. Kriminalinspektor Eric Visser, gespielt von Huub Stapel, steht vor der Aufgabe, ihn aufzuhalten. Höhepunkt des Films ist eine Verfolgungsjagd durch die Grachten, die – das muss gesagt werden – teilweise auch in den Grachten von Utrecht gedreht wurde.

498 **»TÜRKISCHE FRÜCHTE«**
Altstadtzentrum ②

Paul Verhoevens Film »Türkische Früchte« (1983) ist einer der erfolgreichsten niederländischen Filme aller Zeiten. Die Handlung basiert auf dem gleichnamigen Roman von Jan Wolkers. Der junge Bildhauer Erik lernt beim Trampen Olga kennen. Sie ist die Liebe seines Lebens. Die beiden heiraten, aber ihr Glück ist nicht von Dauer. In einer kultverdächtigen Szene fährt das Paar mit dem Rad durch die Altstadt Amsterdams.

499 **»PRINS«**
Amsterdam-Noord ⑦

Die meisten Filme über Amsterdam spielen vor der Kulisse des malerischen Grachtengürtels – nicht so Sam de Jongs Debütfilm »Prins« (»Prince«, 2015). Der Regisseur wählte eine ärmliche Gegend in Amsterdam-Nord als Schauplatz seiner Geschichte, die von Ayoub (15) handelt, der alles für die Aufmerksamkeit eines Mädchens tut: So kauft er ihr schicke Schuhe und lässt sich sogar mit einem Kriminellen ein.

500 **»OCEAN'S TWELVE«**
Handboogstraat 29
Altstadtzentrum ②

Der zweite Film über Danny Ocean und seine Bande von Meisterdieben spielt teilweise in Amsterdam. George Clooney, Brad Pitt und Matt Damon treffen ihren Auftraggeber im Coffeeshop Dampkring auf der Handboogstraat 29. Eine weitere Szene spielt im Hauptbahnhof. Weil der gerade renoviert wurde, wich man für die Dreharbeiten auf den Bahnhof von Haarlem aus.

REGISTER

IMPRESSUM

DEUTSCHE AUSGABE © 2019 BRUCKMANN VERLAG GMBH, MÜNCHEN

AUTOREN – Saskia Naafs und Guido van Eijck

FOTOS – Joram van Holen und Tino van den Berg

COVERFOTO – REM-Eiland (Geheimtipp 54)

LAYOUT – Joke Gossé und Tinne Luyten

DEUTSCHE ÜBERSETZUNG – Claudia Riefert

PROJEKTLEITUNG – Ulrich Jahn

LEKTORAT – Dr. Juliane Braun

KORREKTORAT – Britta Mümmler

HERSTELLUNG – Alexander Knoll

Printed in Slovenia by Florjančič

ISBN 978-3-7343-1285-4

Die Deutsche Nationalbibliothek verzeichnet diese Publikation in der Deutschen Nationalbibliografie; detaillierte bibliografische Daten sind im Internet über http://dnb.d-nb.de abrufbar.